学生赛事与非通用语人才培养

实践与案例

游雨频◎主编

人民日报出版社
北京

图书在版编目（CIP）数据

学生赛事与非通用语人才培养：实践与案例 / 游雨频主编. —北京：人民日报出版社，2024.10
ISBN 978-7-5115-8135-8

Ⅰ.①学… Ⅱ.①游… Ⅲ.①高等学校－外语－竞赛－研究－四川 ②高等学校－外语－人才培养－研究－四川 Ⅳ.①H3-4

中国国家版本馆CIP数据核字（2023）第248121号

书　　名： **学生赛事与非通用语人才培养：实践与案例**
XUESHENG SAISHI YU FEITONGYONGYU RENCAI PEIYANG: SHIJIAN YU ANLI
主　　编： 游雨频

出 版 人： 刘华新
责任编辑： 吴婷婷
封面设计： 中尚图

出版发行： 人民日报出版社
社　　址： 北京金台西路2号
邮政编码： 100733
发行热线：（010）65369527　65369512　65369509　65369846
邮购热线：（010）65369530　65363527
编辑热线：（010）65369844
网　　址： www.peopledailypress.com
经　　销： 新华书店
印　　刷： 三河市中晟雅豪印务有限公司
法律顾问： 北京科宇律师事务所（010）83622312

开　　本： 710mm × 1000mm　1/16
字　　数： 200千字
印　　张： 13
印　　次： 2024年12月第1版　2024年12月第1次印刷

书　　号： ISBN 978-7-5115-8135-8
定　　价： 59.00元

本书受重庆市高校国际化人文特色建设项目资助，是国家社科基金冷门“绝学”和国别史等研究专项——中国与巴西关系史研究（项目编号：2018VJX096）——人才培养部分阶段性研究成果。

前　言

人工智能的迅猛发展为新时代我国外语人才培育提出了新要求和新挑战。在夯实学生语言基本功的同时，如何提升他们的实践能力、培养他们的创新能力、提高他们的专业技能水平，怎样推动外语类人才培养“脱虚向实”，已成为当前外语专业教学改革创新的焦点和重点。

在此背景下，注重实践育人、强调育人实效的学生赛事正成为我国高校外语人才培养、尤其是非通用语人才培养创新转型、提质增速的重要载体。面对国家对外发展战略的实际需求，非通用语人才不仅需要熟练掌握对象国的语言、文化和国情知识，还应当具备良好的实践能力、研究能力和交流能力。鉴于这些能力在传统课堂较难获得，强调综合能力的学生赛事无疑为锻炼这些能力提供了很好的平台。正因如此，学生赛事已成为广大外语专业培养“一专多能”复合型人才的主阵地和主赛道。

四川外国语大学西方语言文化学院作为西南地区非通用语人才培养的重要平台，积极推动学科交叉融合和复合人才培养，高度重视学生赛事的育人实效，大力推动学生赛事有机融入教学实践过程，积极探索“以赛促学”“以赛促教”“以赛促研”的融合发展之道，在专业赛事育人方面取得了一定成绩，也积累了一些经验。

所谓野人献曝，本书正是以四川外国语大学西方语言文化学院非通用语人才学生赛事育人的探索与经验为基础，围绕非通用语人才培养的各项目标与要素，结合学院师生的具体参赛案例，从专业性赛事和综合性赛事两大板块，详继梳理参加相关赛事的重点与难点，希望通过生动展现川外师生的备赛经验和以赛促学、以赛促教、以赛促研的实践感悟，为从事非通用语人才培养的兄弟院校以及相关实践者、研究者提供有益参考。

本书是集体协作的成果，编者衷心感谢川外西方语言文化学院参与本书编写的各位同事和学生，尤其感谢学院谌华侨院长从选题到出版的全力支持和刘天一、吴婷婷编辑的专业与敬业。希望本书的系列案例能够启发和帮助更多非通用语人才培养的志同道合者，以赛事育人为新方向，探索非通用语人才培养的新路径。

目　录

专业赛事篇

综合赛事篇

专业赛事篇

全国大学生意大利语演讲比赛

崔鹏飞　于冰倩[①]

摘要：全国大学生意大利语演讲比赛是由中国意大利语教学研究会主办、意大利驻华使馆文化中心协办的全国性高校意大利语专业赛事。它诞生于2014年，每两年举办一届，旨在为全国意大利语专业的本科学生提供展示舞台，促进国内开设意大利语学科的高校交流学习，推动我国意大利语教学的发展。本文从赛事简介、比赛流程与赛制、赛事能力与要求、赛前准备与参赛步骤、参赛回顾与经验总结五个方面，介绍全国大学生意大利语演讲比赛的概况，分析赛事规则，帮助有意参加比赛的师生进一步了解该赛事，高效备赛。

关键词：全国大学生意大利语演讲比赛；意大利语本科专业学生；比赛流程；赛事能力

一、赛事简介

全国大学生意大利语演讲比赛诞生于2014年，由中国意大利语教学研究会主办、意大利驻华使馆文化中心协办。中国意大利语教学研究会前会长、对外经贸大学意大利语系主任张宇靖教授在接受记者专访时表示，始于1954年的中国意大利语教学在中意两国政府的支持下，经过60多年的发展，已培养了近5000名意大利语专业的本科及硕士毕业生。尤其是从1990年至今，全国已有20所教学机构开设意大利语课程。全国意大利语教学研究会、各大高校等学术机构定期组织教学

① 崔鹏飞，四川外国语大学西方语言文化学院意大利语教师。于冰倩，四川外国语大学西方语言文化学院意大利语专业在读研究生。

研讨会，举办全国大学生意大利语演讲比赛等活动，使教学质量在近年来得到不断提升。演讲比赛旨在为全国意大利语专业学生提供展示才能的平台，促进各兄弟院校的教学经验交流，进一步推动国内意大利语教学的发展。[①]意大利驻华使馆文化处文化专员玛利亚·路易莎·斯科拉里表示，意大利使馆非常重视全国大学生意大利语演讲比赛和类似活动，将为深化意中交流这一共同目标与中国相关单位加强合作，进一步促进中国意大利语教学水平的提升。[②]

作为中国意大利语教学领域最重要的国家级赛事之一，全国大学生意大利语演讲比赛每两年举办一届，由开设意大利语本科教学的高校轮流承办，每所高校派出一名意大利语本科专业学生作为代表参赛，截至2023年，该比赛已成功举办四届。

首届全国大学生意大利语演讲比赛于2014年11月29日在北京语言大学举办，来自全国15所开设意大利语学科的高校学生参与角逐，多位中国意大利学界资深人士及意大利知名人士作为嘉宾评委参加活动。该活动由北京语言大学和中国意大利语教学研究会主办，由意大利驻华使馆文化处、外研社和意大利国家旅游局等机构协办。作为首届主办方代表，北京语言大学外语部西方语言文化学院意大利语系主任王苏娜表示，该活动旨在为意大利语专业学生提供一个展示才华的舞台，也为全国开设意大利语学科的大学提供展示教学水平的机会，以推动意大利语教学与科研在中国的发展与进步。[③]本届比赛以“论友谊”为主题，经过激烈的较量，最终，来自北京语言大学的汪诗雄摘得桂冠。

第二届全国大学生意大利语演讲比赛于2016年5月21日在对外经济贸易大学举行，来自全国10余所开设意大利语学科的高校学生参与了比赛。此次演讲比赛由对外经济贸易大学和中国意大利语教学研究会共同主办，意大利驻华使馆文化处和外

① 资料来源：意大利共和国驻华大使馆文化处公众号“IICPechino”推文（https://mp.weixin.qq.com/s/fvXIR6Q9pE9xU6pIOvE4hQ）。

② 资料来源：中国国际广播电台公众号“CRI 意大利语”推文（https://mp.weixin.qq.com/s/BW3Zm_DuauaHAPGW1Kh9fQ）。

③ 资料来源：中国国际广播电台公众号“CRI 意大利语”发布的资讯（https://mp.weixin.qq.com/s/AOxdx GiJdeaP5BTeZXJ4Aw）。

语教学与研究出版社协办，中国国际广播电台意大利语部提供全程媒体支持。围绕着“论幸福”的主题，来自对外经济贸易大学、北京外国语大学、北京语言大学等全国15所大学的18位选手各显神通，用流利而标准的意大利语进行了逻辑严密、内容丰富、台风优美的演讲，向现场观众讲述和描绘了他们心目中的幸福和获得幸福的方法。参赛选手中很多只是大二的学生，资历最“老”的也只是即将毕业的大四学生，但是他们展现出了优秀的意大利语水平和良好的舞台风范，语言标准流利，演讲声情并茂，令在场的评委和观众赞不绝口。正在北京参加中意大学交流项目、前来观赛的意大利摩德纳·雷焦·艾米利亚大学教授玛丽娜·邦迪教授表示，参赛选手的优异表现给她留下了非常深刻的印象，并认为这说明中国的意大利语教学质量已经达到了很高的水准。经过一天的紧张比赛，来自上海外国语大学的刘蕾和北京外国语大学的王煦然获得特等奖。①

2018年10月14日，第三届全国大学生意大利语演讲比赛在天津外国语大学举行，来自全国16所开设意大利语学科的高校学生参与了比赛。此次活动由中国意大利语教学研究会和天津外国语大学共同主办，意大利驻华使馆文化处和外语教学与研究出版社协办。围绕“论梦想”的主题，来自天津外国语大学、北京外国语大学、对外经济贸易大学、北京语言大学等全国16所大学的16名选手用流利且标准的意大利语进行了内容丰富、台风优美的演讲，向现场观众讲述了现代年轻人的梦想和追梦之路，并以敏捷的思维和流利的意大利文回答了现场嘉宾的提问。最终，北京外国语大学的吴翼泽和广东外语外贸大学的张莉分获特等奖和一等奖。②

第四届全国大学生意大利语演讲比赛由中国意大利语教学研究会主办、意大利驻华使馆文化中心协办、浙江越秀外国语学院承办，于2021年10月15日在线上举行。此次比赛共有16所高校参加，围绕“但丁、意大利语与我”这一主题，选手展开激烈的角逐，经过一天的比赛，北京外国语大学的赵楚烨发挥出色，斩获

① 资料来源：“国际在线”网站（https://news.cri.cn/2016-05-23/a9f7a4db-e39f-7e5e-c325-dc455e791953.html）。

② 资料来源：“国际在线”网站[第三届全国大学生意大利语演讲比赛在天津举行－国际在线（cri.cn）]。

特等奖和最佳语音奖。

二、比赛流程与赛制

（一）比赛地点及时间

全国大学生意大利语演讲比赛每两年举办一届，通常在线下举行（第四届全国大学生意大利语演讲比赛由于受到新冠疫情影响，在线上举行），地点一般设在承办比赛的高校。每届比赛时间不定，赛事只有一天，赛程紧凑。

（二）比赛主题

该赛事每届都有不同的主题：第一届的主题为“论友谊”，第二届的主题为“论幸福”，第三届的主题为“论梦想”，第四届的主题为“但丁、意大利语与我”。

（三）比赛流程

比赛开始前，一般先由主持人致开幕词，赛事主办方代表和出席嘉宾致辞。发言结束后，参赛选手亮相，随机生成参赛顺序，正式开始比赛。

按照赛程安排，比赛分定题演讲、即兴演讲和问答三部分。定题演讲的主题是早已确定好的，参赛选手可以围绕主题提前准备，按照参赛顺序，在五分钟内围绕主题用意大利语演讲。而即兴演讲则是根据抽签确定内容，在现场准备一分钟后，进行两分半钟的演讲。参赛选手完成演讲后，评委就选手的演讲内容进行提问，选手需要立即作答。问答环节结束后，评委根据选手三个部分的表现综合打分，最终评选出各类奖项的获奖者，当场举行颁奖仪式。

（四）奖项

自第一届以来，全国大学生意大利语演讲比赛设置了特等奖、一等奖、二等奖、三等奖、最佳语音奖、最佳风采奖、最具潜力新人奖和优秀奖。第二届比赛为增加比赛的参与性与互动性，提升活动效果，中国意大利语教学研究会特别邀请中国国际广播电台意大利语部作为媒体支持单位参与活动，同时在意文中华网上推出此次大赛的网络人气投票专题，特别设置了网络最高人气奖①，这一奖项在第三届全国大学生意大利语演讲比赛中也得到了保留。

三、赛事能力与要求

（一）语言能力

作为一项国家级的专业赛事，全国大学生意大利语演讲比赛对于选手的意大利语水平提出了较高的要求。虽然主办方没有明确规定参赛选手要具备特定的意大利语语言证书，但是选手的发音、语言流利程度都会对评委的评分产生影响。定题演讲主题是事先确定好的，选手可以在正式比赛前查阅资料，做好充分准备，这一环节更多凸显的是选手的意大利语发音以及语言的流利程度。即兴演讲环节更强调语言组织能力，用意大利语尽可能准确地表达自己的想法。问答环节强调参赛选手必须同时具备优秀的听说能力，既能听懂问题，也能有效输出。

（二）知识储备和文化素养

从每届的主题设置上可以看出，全国大学生意大利语演讲比赛不仅强调选手的意大利语水平，还突出强调了选手的文化素养、选手对意大利文化的了解程度。这些都要求选手长期学习意大利语，日积月累，拥有扎实的意大利语语法基础，掌握丰富的词汇，有一定的意大利语听力水平，发音标准，深入了解意大利文学、艺术、风土人情。比赛的后两个环节更能彰显选手的知识储备和文化素养。即兴演讲主题不定，现场抽签决定，这就需要选手充分调动已有的文化知识，在短时间内梳理逻辑关系，勾勒出演讲的基本框架，然后表达出来。问答环节也是如此。欧洲思想家蒙田说：“语言是一种工具，通过它我们的意愿和思想就能得到交流，它是我们灵魂的解释者。”要知道，掌握一门外语不单要学习语

① 资料来源：中国国际广播电台公众号“CRI 意大利语”推文（https://mp.weixin.qq.com/s/iPC9LmVN86d9CBowckfXZQ）。

言，还要了解该语言的文化背景。学习语言或许可以短期速成，但要了解另一种文化则需要长时间的积累。正因如此，这场赛事目前只面向开设意大利语本科教学的高校学生，而且不能以个人名义参赛，只能代表学校参加比赛。

（三）反应能力

相较于定题演讲环节，即兴演讲与问答环节对选手提出了更高的要求。选手不仅要有知识储备，反应速度也得快。在比赛中，即兴演讲只有一分钟的准备时间，而问答则要求选手几乎要做到随问随答。

（四）抗压能力

整场赛事对选手的抗压能力提出了很高的要求。首先赛程非常紧张，其次参赛者都是各所高校的精英，都有过人之处，所以要放平心态，集中注意力，保持沉着冷静，相信自己，懂得屏蔽干扰，充分展现自己的才能。

（五）演讲能力

全国大学生意大利语演讲比赛是一项使用意大利语演讲的比赛，参赛选手不仅要在意大利语言水平和文化储备方面进行较量，还要具备高超的演讲水平和语言感染力。演讲，首先是一项关于“表达与沟通”的实用技能。对于普通人而言，演讲意味着在公开场合讲话。但不止于此，演讲还是一种学习方式。准备每一次正式或即兴演讲的过程，也是对自己已有知识、观念、情绪进行梳理的过程，往往还需要获取、思考、评价、运用新的知识。需要对这些内容进行选择、组织、精细加工，反复地设问质疑，才能保证演讲质量。以上过程，通俗来说，是用“输出”带动“输入”；用亚里士多德的话来描述，即“讲授是最高形式的理解”。演讲，更是拓宽自己世界的工具。哲学家维特根斯坦说：“我的语言的界限，意味着我的世界的界限。”你的认知、想法、观念，只有通过合适的语言表达出来，为人所知、为人所懂，才能被赋予价值和意义。[①]简而言之，要做好演

① 陶峻，五顿. 演讲的逻辑：关键时刻真实、清晰、高效表达 [M]. 北京：人民邮电出版社，2022.2.

讲，必须要具备基本的语言能力和逻辑思维，演讲的内容要吸引听众，语言表达要生动，用准确通俗的语言传达出主题。

即兴演讲比定题演讲的难度更高，它们的不同点在于，前者进一步考察了参赛者的临场发挥能力、语言掌控能力和运用能力。参赛者在这一环节需要尽可能地保持冷静专注，在知道演讲主题后，调动已有的知识，用饱满的热情、迅疾的反应和良好的沟通来表达自己的看法。由于这一过程时间紧迫，参赛者要注意突出要点，可以利用肢体语言向听众传递信息。除此之外，应保证演讲具有感染力，将听众带入其中。

四、赛前准备与参赛步骤

（一）校内选拔

由于全国大学生意大利语演讲比赛只面向开设意大利语本科教学的高校学生，而且参赛者不能以个人名义参赛，只能代表学校参加比赛，所以有意参加该赛事的意大利语专业的本科生需要先在各自学校报名，等待校内选拔。只有通过了校内选拔，才有资格获得学校的推荐，代表学校参加当年的演讲比赛。

以四川外国语大学意大利语专业为例。2016年3月31日，第二届四川外国语大学意大利语演讲比赛在学校西区教学楼举行。法语系意大利语专业教研室的杨琳老师、陈英老师、贾晶老师、昝婷老师，意大利外交部特派专家Milena Ciroli老师、Claudia Filippello老师担任此次比赛的评委。在第一环节中，选手们抽取演讲顺序，就主题“论幸福”依次进行五分钟演讲。在第二环节中，选手们抽取话题作两分钟的即兴演讲，并接受评委老师的提问。比赛结束后，意大利语专业的同学们一起观看了第一届全国大学生意大利语演讲比赛的视频精选片段。随后Milena Ciroli老师和Claudia Filippello老师对参加第二届四川外国语大学意大利语演讲比赛的选手们的表现一一进行点评。聂薪骥同学凭借精辟的观点、丰富的论证、流畅的语言表达以及自然的语音语调获得一等奖。他将代表四川外国语大学意大利语专业赴对外经济贸易大学参加第二届全国大学生意大利语演讲比赛。[①]

（二）备赛阶段

搜集资料：在正式比赛之前，要了解该赛事的赛程安排，可以在网上查找一些比赛片段，近距离感受赛事氛围，对赛事有进一步的了解。

定题演讲：因为赛前已公布定题演讲的主题，所以参赛选手需要根据命题写稿，在指导老师的帮助下，对演讲稿进行润色修改。成稿之后，参赛选手要反复朗读背诵。这一阶段，参赛选手要纠正自己的意大利语发音，学习演讲技巧并反复实践，在提升口语表达的同时，也为即兴演讲做准备。

即兴演讲：由于即兴演讲主题不定，难度高，参赛选手要大量阅读，对意大利的风俗文化、社会现象有一定的了解，然后归纳总结一些常见的话题，组建自己的素材库，在不写演讲稿的情况下，随机抽取素材库中的话题加以练习，以此锻炼自己的随机应变能力。另外，还需要了解即兴演讲的结构，构建自己的框架，从关键词入手解读问题，提出观点，进行总结。需要注意的是，不论是定题演讲还是即兴演讲，参赛选手都要对时间进行把控，演讲要有条理，突出主旨。

问答：由于问答环节难以预测，对选手来说是个很大的挑战。选手在赛前可以根据往届比赛视频，感受往届评委的口音、语速。此外，要有意练习自己的听力，善于抓住关键词。这样才不会在比赛中出现答非所问的情况，以致影响最终成绩。

（三）参赛阶段

服装：在比赛开始前，要准备一套比较正式的服装。

作息：很多选手需要异地参赛，这难免会舟车劳顿。建议选手提前到达比赛地点，根据比赛时间安排调整作息，这有利于保持比赛状态，保证比赛当天精力充沛，头脑清醒。

---

① 资源来源：四川外国语大学公众号“川外法语学院”推文（https://mp.weixin.qq.com/s/YcfJ4m3XzNgxnsJGVlGU9Q）。

五、参赛回顾与经验总结

由中国意大利语教学研究会主办，意大利驻华使馆文化中心提供支持的全国大学生意大利语演讲比赛，是一项国家级的专业赛事，自设立以来，就吸引了中国意大利语教学领域、全国意大利语专业学生、国外人士的关注。国内10余所开设意大利语本科课程的高校积极参与历届比赛，借此机会进行交流学习，展示本校学生的才华以及学校的教学水平。

四川外国语大学意大利语专业建立于2007年，是西南地区第一个意大利语本科专业，师资力量雄厚，语言教学体系化，重视意大利国情文化内容的教学。自2014年全国大学生意大利语演讲比赛设立以来，我校意大利语专业的师生一直积极参与这一国家级的专业赛事。在收到主办方发布的通知后，我校意大利语专业的学生踊跃报名，专业老师也积极筹备校内选拔活动，帮助学生准备赛事。在老师和学生的共同努力之下，我校在历届全国大学生意大利语演讲比赛中取得了较好的成绩。2016年5月21日，聂薪骥同学代表我校赴对外经济贸易大学参加第二届全国大学生意大利语演讲比赛，荣获三等奖。2018年10月14日，皇甫洋帆同学代表我校赴天津外国语大学参加第三届全国大学生意大利语演讲比赛，荣获最佳风采奖。2021年10月15日，刘芷怡同学代表我校参加第四届全国大学生意大利语演讲比赛，荣获三等奖。

回顾参赛历程，可以发现，全国大学生意大利语演讲比赛作为意大利语教学领域重要的国家级赛事之一，对于选手的语言能力、综合素质要求很高。选手应具备坚实的专业知识储备，这是参加比赛的必要条件，需要长时间的积累和沉淀。

关于提升意大利语水平、丰富知识储备，这里给出以下建议：多看书做题，掌握意大利语基本语法；坚持单词背诵，阅读新闻，丰富自己的词汇量；收听意大利语的广播，锻炼自己听力的同时，了解意大利的时事和文化；广泛阅读，深入了解意大利的文化和风俗；敢于张口说意大利语，不要怕犯错，可以将自己说的话录下来，寻找问题加以改正；通过看意大利语的电影和电视剧，模仿意大利人的发音，不断提升自己的口语水平和表达能力。

定题演讲是关键，相比即兴演讲和问答环节，选手知道主题，有充分的准备时间，还可以在赛前请求指导老师帮助，所以要把握机会好好准备。而且这是比赛的第一个环节，在这一轮发挥出色不仅会让评委老师眼前一亮，给他们留下好印象，也会让自己信心大增，更好地应对接下来的挑战。定题演讲建议认真写稿，先搭建框架，再根据主题填充内容，不断打磨词句，尤其是要有一个精彩的开头，然后将成稿一字一句背诵，反复练习。

即兴演讲是重点，参赛选手要大量阅读，开阔眼界，对意大利的文化进行深入了解，具备文化常识，可以找之前比赛的视频，了解以往的赛题，然后自己总结归纳一些可能出现的主题，再加以练习。即兴演讲虽然难度较高，但也是可以按照一定的框架进行准备的：第一，开门见山，简单解释演讲题目的内涵，旗帜鲜明亮出主题和观点；第二，用典型事例具体论证主题和观点；第三，总结概括，再次呼应主题。由于时间有限，不建议参赛选手逐字逐句写稿，而是列出简要提纲，重点关注开头和结尾，根据关键词临场发挥。这里要提醒参赛选手千万不要慌张，要集中注意力审题。在激烈的赛事中，每一秒都很重要，不要因为过度紧张而浪费时间，失掉比赛。但是要做到沉着冷静并不容易，选手可以在赛前进行赛事模拟，严格把控演讲时间和准备时间，培养时间观念，同时锻炼自己的抗压能力和应变能力。

关于演讲，这里有一些小建议：第一，演讲过程中要把握时间，比如定题演讲规定在五分钟内完成，选手在赛前准备时要对自己的演讲计时，如果超时要适当删减内容，时间太短也不行，会给人一种无话可说的感觉，要加些东西丰富内容；第二，语言要流畅，发音要清楚，一些高级词汇、用语固然会让你的演讲出彩，但是要说对，不要让它们影响演讲的流畅性，以免适得其反；第三，演讲要有条理，逻辑清晰，尽量避免多次出现重复的内容，多样性是关键；第四，演讲内容要详略得当，突出主旨，让听众接收到主要信息；第五，注意语体的使用，要记住你的听众是意大利语学界的重要人士；第六，放松心态，注意语速，控制节奏，可以用一些手势传达信息；第七，赛前观看一些演讲视频，优秀的演讲者会让你身临其境，观察学习他们会让你的演讲更加出彩。

至于问答环节，评委会根据参赛选手的即兴演讲提问，这就要求选手在上一环节准备充分，熟悉即兴演讲的主旨，掌握自己所讲的内容，还要注意力高度集中，听清评委的问题，才能做出正确的回答。

全国大学生意大利语演讲比赛不仅是选手之间专业素养的比拼，还是心态的较量。能够通过校内选拔，代表学校参加这一赛事，说明各位参赛选手都有过硬的综合素质和优秀的语言能力，是意大利语专业的佼佼者。正如天津外国语大学校长陈法春教授在第三届全国大学生意大利语演讲比赛致辞中所说的那样，高质量的教学为中意两国培养出大量的双语人才越来越成为中意两国交流交往不可或缺的重要财富，中国的意大利语工作者为加深源远流长的中意友谊、为深化全球化背景下的中意各领域合作发挥着越来越重要的作用。参加比赛的选手和许许多多的正在或将要学习意大利语的中国年轻人，有望在未来成为中意两国重要的沟通桥梁和文明使者。

“意大利语桥”论述与答辩竞赛

杨致雅　王丹钰[①]

摘要：“ITALIA CIAO 意大利语桥”比赛由意大利驻华使馆文化处主办，旨在让更多中国学生对意大利语言和文化的最新发展展开思考。参赛选手通过论述、答辩和写作的形式，讲述学习意大利语和接触意大利文化对个人生活和观念所产生的影响。本文从赛事简介、比赛流程与赛制、赛事能力与要求、赛前准备与参赛步骤、参赛回顾与经验总结五个方面着手，介绍比赛情况，分析比赛要点，解读比赛对参赛者提出的能力要求，提供参赛准备方法与建议，为选手提供新的思路，以期涌现出更多优秀的参赛选手和参赛作品。

关键词：“意大利语桥”比赛；比赛流程；能力要求；参赛技巧

一、赛事简介

由意大利驻华使馆文化中心创立的“意大利语桥”比赛始于2014年，面向中国开设意大利语本科及以上课程的高校学生。作为中国高校意大利语学生的年度传统赛事，该赛事目前已成为国内面向意大利语专业学生的最重要的国家级比赛之一。

比赛旨在让更多中国学生对意大利语言和文化的最新发展展开思考。参赛学生通过论述、答辩和写作的形式，讲述学习意大利语和接触意大利文化（艺术、科技、经济、时尚、自然环境、生活方式等）对个人生活和观念所产生的影响。

---

① 杨致雅，四川外国语大学西方语言文化学院意大利语教师。王丹钰，四川外国语大学西方语言文化学院意大利语专业在读研究生。

2023 年 10 月，围绕第二十三届世界意大利语周的主题“意大利语与可持续性”，意大利驻华使馆文化处于 2023 年 6—10 月举办了第八届“ITALIA CIAO 意大利语桥”比赛。

二、比赛流程与赛制

“ITALIA CIAO 意大利语桥”比赛的流程和赛制通常会根据当年的主题作相应的调整。现以2018年该比赛的具体情况，将大致的赛事流程介绍如下。

（一）比赛设置

通常比赛将设置两个环节，分别是：

1.本科生比赛环节。

2.研究生比赛环节（报名人数需超过3人）。

（二）比赛内容

1.本科生比赛环节

（1）在主办方提前公布的题目中选择一个，准备一份学术论述，并配合PPT进行展示。

（2）论述及答辩语言和PPT文字必须使用意大利语。

（3）时长：论述部分5分钟+回答评委问题及答辩部分5分钟。

（4）本届比赛设有五个可选题目，分别如下：

a.“虎妈文化”的利弊分析。

b.意大利歌剧与中国戏曲之主要异同。

c.我的意大利语专业：简短介绍所在专业、课程设置、个人学习计划及未来规划等。

d.介绍一本近期读过的书（文学作品或学术论著，可以是意大利语原文书，也可以是翻译成中文的意大利作品。如果是文学作品，作者须为意大利人；如果是学术论著，其内容必须与意大利相关）。

e.围绕在我们身边的虚伪：举例、启示与坦白。

2.研究生比赛环节

（1）根据研究方向，自行确定主题，准备一份小型学术研究报告，并配合PPT进行展示。

（2）论述及答辩语言和PPT文字必须使用意大利语。

（3）陈述部分5分钟+回答评委问题及答辩部分5分钟。

（三）参赛对象

1.比赛面向中国境内设有意大利语本科及以上专业的高等院校在校生。

2.每所高校选派一名本科生作为代表参赛，年级不限。

3.设有意大利语硕士课程的高校，可以增派1—3名硕士生，参加本次比赛特设的研究生比赛环节。

（四）比赛流程

1.报名截止日期：2018年10月12日17时。

2.所有报名参赛的选手，须在11月20日17时之前，向主办方提交准备论述的题目和内容梗概。

本科生：梗概的长度请控制在1/4—1/2 cartella editoriale。

研究生：梗概的长度请控制在1/2—1 cartella editoriale。

3.比赛当日：

首先进行本科生比赛环节：通过抽签决定比赛顺序，按所抽顺序进行论述和答辩，回答评委问题并与评委进行交流；而后评委进行打分。

随后进行研究生比赛环节：通过抽签决定比赛顺序，按所抽顺序进行论述和答辩，回答评委问题并与评委进行交流；而后评委进行打分。

接着分数汇总，根据得分高低排序。

最后宣布成绩及颁奖。

（五）评委组成

（1）评委会主席由意大利驻华大使馆文化中心主任、文化参赞孟斐璇先生担任。

（2）评审委员会由意大利语言方面的专家和意大利文化领域的代表组成。

（3）为保证比赛的公正性，评委中不包括目前在职的中国各高校意大利语教师。

（六）奖项设置

1.本科生比赛环节

一等奖：1名；

二等奖：2名；

三等奖：3名；

参与奖：若干。

同时设立指导教师奖，指导教师国籍不限。

2.研究生比赛环节

如参赛人数为3—4人，将只设立一等奖1名；

如参赛人数为5—6人，将只设立一等奖和二等奖各1名；

如参赛人数为7人及以上，将设立一等奖、二等奖、三等奖各1名。

三、赛事能力与要求

“意大利语桥”论述与答辩竞赛是一项有着广泛影响力和知名度的意大利语学科竞赛，要求参赛者具有一定的意大利语语言能力、意大利语表达能力、心理素质、临场反应能力等。此外，充分的赛前准备也非常必要。

（一）意大利语语言能力

意大利语语言能力是参与“意大利语桥”论述与答辩竞赛的基础，听力、口语、反应等均建立在语言能力之上。因此，一定的语言能力是参加比赛的必备条件。而语言能力不是一蹴而就的，需要经过长期的储备和积累，这就要求参赛选手在平日的学习中多加沉淀、锻炼。

（二）意大利语表达能力

（1）口语水平。“意大利语桥”论述与答辩竞赛既要进行自我观点的陈述，又要与评委进行交流，所以意大利语的口语水平至关重要，语音语调、用词都是非常重要的考查点。

（2）讲演能力。选手的演讲能力也是评分的重要参考方面，语速、音量、流畅度等都会影响评委对选手的整体感觉。首先，吐字要清晰，语言要流畅，避免含糊不清或磕磕巴巴。可以放慢语速，尽量表现得自信、得体。其次，演讲过程中应避免滔滔不绝、毫无逻辑，要突出主题、开门见山，进行条分缕析，使观众既了解演讲内容，又明晰演讲者的观点。

（三）心理素质

（1）要有自信心。自信心是一个演讲主体必须具备的心理素质，自信心强的演讲主体不但能对听众产生较强的感染力，形成一种权威感，而且能够有力克服演讲中的一些消极心理。一般来说，自信心的强弱与演讲效果的好坏呈正比。

（2）要有热情。感人心者，莫先乎情。没有热情的演讲是无法打动听众的，一个生性冷淡、消极厌世的人是不宜从事演讲活动的，即使去演讲也不会打动人，因此演讲主体应该注意平时的自我修养，演讲时要尽量做到精神饱满、热情洋溢。因为热情不但能表现演讲主体对自己的观点和主张的坚定信念，而且能使听众产生共鸣，产生激情。

（3）要有应变能力。一个优秀的演讲主体，在整个演讲过程中要善于应对千变万化的情况，能适应各式各样的环境，这就要求演讲主体思路敏捷，全面掌握技能，遇到突发事件不慌乱。

（4）要有豁达大度的性格。豁达大度的演讲主体往往容易与听众交融，遇到任何情况都能泰然处之，变被动为主动。优秀的心理素质离不开先天的禀赋，但更重要的是后天的学习和刻苦的锻炼。

（四）临场反应能力

自我陈述后，参赛者需参加评委提问环节，回答评委的提问是非常关键的一环。良好的临场反应能力和逻辑思维能力有助于参赛者正确、清晰地回答评委的提问，充分展示出专业知识和思维能力，增加获得评委认可的机会。在回答评委提问时，需要注意以下几点：

（1）充分理解问题。在回答之前，确保完全理解评委的问题。如果有任何不清楚的地方，可以请评委进一步解释或者举出具体例子。

（2）给出明确的答案。在回答评委的问题时，尽量给出明确的答案。如果不确定，可以先答出自己的理解，然后再给出一个有条件的答案或者说出自己的思考过程。

（3）结构清晰。在回答评委的问题时，可以使用恰当的段落和标题，使回答结构清晰，易于评委理解。可以先概括回答的要点，然后逐一展开解释。

（4）使用丰富的词汇。为了让回答更有说服力和丰富性，可以使用多种语言技巧和丰富的词汇。例如，使用形容词来描述事物的特点，使用动词来表示行动，使用副词来修饰动词的程度，等等。

（5）给出具体的例子。在回答评委的问题时，可以举出具体的例子来支持观点。这样不仅可以让回答更有说服力，还可以展示自己的经验和能力。

（6）回答要准确严谨。在回答评委的问题时，要确保回答的内容准确无误，避免使用歧义或错误的信息，以免给评委留下不专业的印象。

（7）表达清晰通顺。在回答评委的问题时，要注意语句的通顺和表达的清晰。可以使用适当的连接词和过渡词来连接句子和段落，使回答更连贯。

（8）不重复问题或自我介绍。在回答评委的问题时，避免重复评委的问题或者进行过多的自我介绍，要将焦点放在回答问题上。

（9）提前准备。在参加评委面试前，可以先准备一些常见问题的答案。这样可以提高准确性和流利性，并减少紧张和犹豫。

（10）注意语言和肢体语言。在回答评委的问题时，要注意使用正确的语言和肢体语言。要保持自信、积极的态度，避免使用粗鲁或带有情绪的语言。

回答评委的提问是展示参赛者的专业知识和思维能力的重要机会。坚持充分理解问题、给出明确的答案、结构清晰、使用丰富的词汇、给出具体的例子、回答准确严谨、表达清晰通顺、不重复问题或自我介绍、提前准备、注意语言和肢体语言等原则，可以提高回答问题的质量，增加获得评委认可的机会。

（五）赛前准备要充分

充分的赛前准备有助于增加自信。在自我陈述观点环节，赛前的准备显得尤为重要，应提前写好演讲稿，认真准备演讲所需的演示文稿，对自己准备展示的课题进行充分的了解、学习，对相关知识进行充分的研究，以便在演讲时全面展示自己的课题，表达自己的观点，在回答评委提问时更加游刃有余。

四、赛前准备与参赛步骤

鉴于不同高校意大利语专业的教学情况和参赛经验有所不同，本部分的介绍主要基于四川外国语大学意大利语专业2018年参赛的实际经验，供广大老师和同学参考。

（一）赛前准备

前期准备阶段需要进行相关知识、资料的查询、研究、储备，需要提前撰写好演讲稿，做好演示PPT，对赛题所涉及的知识做好充分学习。比如本科组共有五个分赛题，分别是：

1.“虎妈文化”的利弊分析

此题侧重社会热点问题，要求参赛者平时对此类问题有一定的关注和思考，可查阅相关资料，对其他人的观点做了解。

根据一些实证研究，虎妈式教育在提高孩子的学习成绩方面确实有一定的效果。比如，在美国的华裔家庭中，很多家长都采取了虎妈式教育，要求孩子在学习上付出更多的时间和努力，并给予高度的期望和压力。这样家庭的孩子，在学习成绩上往往优于其他孩子，并且更容易进入名牌大学。

但是，虎妈式教育也并非没有缺点。一些心理学家指出，虎妈式教育会给孩子带来很多负面影响，比如忧郁、紧张、社交障碍等。这是因为虎妈式教育往往忽视了孩子的情感需求和个性发展，只注重结果而不注重过程。这样会让孩子感到缺乏自主性和自信心，甚至认为父母爱成绩而不是爱自己。

2.意大利歌剧与中国戏曲之主要异同

戏曲作为中国传统舞台艺术的代表之一，具有丰富的历史文化内涵。它融合了戏剧、音乐、舞蹈等多种元素，通过生旦净末丑的区分，以及念白、服化道等手法，塑造了不同角色的人物形象。戏曲选取的情节多取自中国传统故事或典故，通过唱念做打的方式，将故事情节生动地展现给观众。戏曲所展现的大写意风格，具有浓郁的中国传统文化氛围，体现了中国文化中的审美意识。

歌剧则是西方舞台艺术的代表之一。它起源于文艺复兴时期的意大利佛罗伦萨，经过多个世纪的发展，形成了独特的艺术风格。歌剧通过男女高音区的划分，以及宣叙调的唱腔、舞台表演等手法，展现了不同角色的性格特点。歌剧的剧情选材多来自经典名著，同时融入了当时的政治、思想等元素，以达到反映现实、批判社会的目的。歌剧所展现的大写实风格，代表了西方现实主义审美的意识。

中国戏曲和意大利歌剧虽然具有不同的特点，但也存在一些相似之处。比如，两者在演唱方式上都注重演员的表现力，通过音乐和唱腔展现人物的情感变化。另外，在剧情的表述上，两者都追求以少量的舞台背景换取不同的场景变化。而在文学性方面，两者的台词都具有很大的文学性，要求观众在观赏演出时对相关文化背景有所了解，以提高观赏体验。

无论是戏曲还是歌剧，都有过辉煌的时期，却在近代逐渐没落。但无论如何，戏曲与歌剧都代表了中西方文化中优秀艺术形式的和而不同。通过比较这两种艺术形式，能够更深入地理解中西方艺术审美的异同，体会中西方文化交流的无限可能。

总的来说，戏曲和歌剧都是中西方典型舞台艺术的代表，它们各自独特的艺术特点，反映了中西艺术审美的不同思维方式和表达形式。通过学习和欣赏这两种艺术形式，能够拓宽视野，加深对不同文化的理解和欣赏。无论是在中西方的文化传承中，还是在审美意识中，中西方典型舞台艺术的交流与对比都将产生积极的影响。

3.我的意大利语专业：简短介绍所在专业、课程设置、个人学习计划及未来规划等

此题相对贴近参赛者的生活，较容易准备，但过程中也需注意突出重点，不宜做成流水账。比如意大利语专业，首先介绍专业背景、各年级课程设置，再对自己的未来规划进行介绍，先明晰自己的性格、兴趣，再分析自己的职业价值观，最后提出自己的希望和目标。

4.介绍一本近期读过的书

此题更偏向意大利文学相关内容，可选择一本自己感兴趣的书籍进行精读、思考，演讲时阐述自己的看法和感受。意大利古代、近代、现代的经典文学作品都可作为选择，如但丁经典著作《神曲》等。

5.围绕在我们身边的虚伪：举例、启示与坦白

此题注重平日对生活的理解和思考，对这类问题的看法因人而异，千人千见，演讲者可自由表达，但注意观点理智、正确，不可狭隘或走极端。

首先，需要注意的是，身边的人并非都是虚伪的。虽然有些人可能会表现出虚伪的行为，但也有很多人是真诚、善良的。所以不能把所有人都归为一类。其次，为什么会感觉身边的人虚伪呢？这可能与个人的价值观、经验等有关。此外，个人的观察角度也可能会影响判断，有时候只看到表面的行为而忽略了深层次的动机和原因。

研究生组的参赛主题自由选择，但也需进行充分的准备。

（二）参赛阶段

“意大利语桥”论述与答辩竞赛主要考查参赛者的综合素质和意大利语语言能力，本节主要给选手们提供一些参赛建议，供同学们参考。

1.调整作息

选手们可根据比赛时间安排调整作息，保持良好的比赛状态。由于赛程紧

凑，只有一天，选手们不必持续比赛，所以需要保证比赛当天精力充足、头脑清晰。比赛分为两个部分，即个人陈述展示环节和评委问答环节，对选手的状态和临场反应挑战较大。建议参赛选手比赛前一晚不要因为兴奋或者备赛熬夜，应早睡早起，确保比赛当天头脑清醒，也不宜过度改变作息习惯，避免造成精神紧张和失眠，保持平常心和自信心，有助于获得满意的成绩。

2.调整心理状态

由于演讲展示和回答评委提问均需要良好的心理素质，因此心理的调整显得尤为重要。调整心理状态有四个步骤：一要熟悉讲稿，二要做好讲练工作，三要克服紧张情绪，四要把握好演讲的注意事项。

3.熟悉讲稿

熟悉讲稿，并非死记硬背，逐字逐句地记诵。一心只背讲稿，紧张时就会“卡壳”。即便能从头背到尾，整个过程也会平淡无奇，因为演讲者忽略了现场听众的感受。其实，通过认真、反复的思考去把握演讲的内容和讲稿的结构，才是比较适当有效的方法。首先想想自己要讲的涉及几方面的问题，哪个问题是中心，先说什么，后说什么，哪里详，哪里略，心中要有讲稿的大体框架。其次想想临场的情况，做些必要的设想。比如，现场发生了出乎意料的情况应该怎样应变，怎样一上台就控制场面，吸引听众。有经验的演讲者，常常会设计一个或几个开场白，供临场选用。

4.开声讲练

讲练也应有适当的方式方法。根据个人的情况，或不同的目的要求，不同的条件，可以自己一人单独预讲，也可以让几位朋友或有讲演经验的人当听众，请他们帮助你，指导你进行讲练。讲练过程中，有的人重“讲”，有的人重“态势”，有的人把重点放在培养感情上面……在完成写好讲稿、熟悉讲稿、适当讲练等准备工作的基础上，还得打一次心理上的攻坚战：去除登台前焦虑紧张的情绪。

5.克服紧张情绪

紧张情绪大多数人都会有，而且也是一种正常反应。但这种压力如果太大，而且得不到缓解，势必会影响演讲的效果。克服这种心理压力的有效方法如下：

（1）要有取得成功的强烈欲望，要相信自己肯定能成功。“情绪是控制情绪本身的重要手段”，应该用冷静乐观、无所畏惧这类“处方”来“医治”焦虑不安。这类处方中，“欲望”“信念”“优势”这三味“药”很重要。欲望就是要有取得成功的意念；信念就是笃信自己要讲的观点是正确的，所用的材料是真实生动的；优势就是多想想自己独具的有利因素。

（2）不要太多关注个人得失。爱尔兰著名作家萧伯纳谈到自己从一个胆怯的人变成成功的演说家时说：“我是以自己学会溜冰的方法来做的——我固执地一个劲地让自己出丑，直至我可以习以为常。”

6.演讲注意事项

（1）上台前，千方百计使自己处于放松的愉快状态。比如开开玩笑、讲讲笑话、找一处安静的地方、诵读名篇名句、听一段音乐、看看画册……这样做的目的是转移思想上的兴奋点，以调节心绪。

（2）即将登台，情绪仍要放松。方法是缓缓地吸一口气，使两肋张开，憋气数秒，再慢慢地把让自己心神不定的气吐出来，吐干净，如此反复几次。注意：在做深呼吸时，什么也不去想，尽量让自己处于无意识状态。

（3）运用“精神胜利法”进行心理暗示。想自己曾经获得过的成功，想自己的优势所在。好好地“自我肯定、自我欣赏”一番以后，稳住“我比你们强”的心理定式。在即将上台时，暂时藐视一下台下的听众，将他们看作“一无所知”的人，只有“听我慢慢道来”，他们才有所收获。

（4）一开口，语调可以高一些。响亮有力的开场白一出口，既稳住了现场，也稳住了自己。讲的时候，要做到“思路先行”，以在登台前已经“定格”在脑子里的信号系统为依据，把握整体，大胆地、毫不犹豫地讲下去。当演讲进入良性循环的运转系统，演讲的成功已见曙光。

7.结尾不要拖拉

（1）结尾应该简洁，有话则长，无话则短，切忌画蛇添足，节外生枝，生怕听众听不明白。

（2）有的演讲者，在结束时不考虑如何给听众完整的印象，不考虑结构的完整性，不考虑演讲的后果，而匆匆收尾，突兀生硬，让听众摸不着头脑。

（3）结尾是为主题服务的，离开了主题结尾也就失去了意义。有些演讲者一味地追求新奇，设计自认为十分得意的结尾，殊不知这种结尾已远离主题。如有些演讲者喜欢引用名言警句做结尾，如果引用得准确，就对主题有服务作用；如果引用的名言警句与主题不符，就游离主题。

（4）有些演讲者在结束演讲时喜欢套用例行的客套话，以示自己的谦虚。其实，讲得好与坏、优与劣，听众心中自有评论，何必再说谦虚的话呢?

在评委提问环节，适当的紧张可以帮助参赛者提高对于这一环节的重视，使其精神更为集中，但是过度的焦虑和紧张，会影响参赛者的作答状态，无法呈现其最优秀的一面。因此，要调整好心态，轻装上阵。可以尝试如下办法，缓解和应对紧张心理：

一是采用场景脱敏。在经过充分准备的情况下，可以进行模拟问答，感受场景的紧张感，并逐渐克服羞涩，在众人面前展现内心声音；同时也可以感受评委心态，从而获得“临场”经验，增强实战信心。对于平时比较内向，人际交往能力差的参赛者，应该通过由易到难的渐进过程来锻炼自己，比如开始时与其他选手进行模拟演练，然后扩大至与父母、陌生人等进行模拟演练，从而克服紧张情绪。

二是明确学习目标。部分参赛者之所以紧张，烦躁不安，是因为没有做好充分的准备，思考不充分，也不知道自己该从何做起。再加上时间紧迫，知识点繁多，因此心乱如麻，以致焦虑、恐慌。此时，参赛者应冷静下来，查漏补缺，给自己制订明确的计划，用具体的行动来占据胡思乱想的头脑，从而克服焦虑、不安。

三是学会放松。放松是缓解焦虑，达到心理平衡的有效方法之一。常用的放松方法有深呼吸法、肌肉张弛放松训练等。

五、参赛回顾与经验总结

四川外国语大学意大利语专业师生积极参与历届“意大利语桥”写作比赛，取得了可喜的成果，刘思捷同学在2018年“意大利语桥”比赛中获得一等奖，还有多名学生获优秀奖，展现了我校学生优秀的专业能力。

全国大学生波兰语演讲比赛

高宇婷　熊明骁①

摘要：外语演讲比赛对学生的语言综合应用能力提出了较高要求，参加此类赛事不仅能全面锻炼学生的语言表达能力，也有助于提升学生的逻辑思维能力，在训练中不断丰富学生的文化素养。全国大学生波兰语演讲比赛自2014年开办以来，见证了国内波兰语专业的蓬勃发展，经过四届的成功举办，大量的波兰语优秀人才被输送到社会各界。本文以全国大学生波兰语演讲比赛为例，在介绍比赛流程的同时，分享四川外国语大学波兰语专业近两年的参赛经验，希望为外语类专业学生参与演讲比赛提供一些参考。

关键词：演讲比赛；波兰语；能力要求；国际化人才

一、赛事简介

全国大学生波兰语演讲比赛由教育部高等学校外国语言文学类专业教学指导委员会非通用语专业教学指导分委会、中国非通用语教学研究会指导，国内开设波兰语专业的高校轮流主办，旨在为全国波兰语学子搭建展示自我和分享学习成果的舞台，同时也为各高校提供相互了解和学习的机会。国内开设波兰语专业的高校均可选派全日制本科生参加比赛。

① 高宇婷，四川外国语大学西方语言文化学院波兰语教师。熊明骁，四川外国语大学西方语言文化学院波兰语专业在读本科生。

（一）历史与背景

该比赛前身为全国大学生波兰语朗诵比赛，是国内波兰语界规模最大、最重要的大学生学科竞赛，2014 年至今共举办了四届。

2014年12月，首届全国波兰语朗诵比赛在波兰驻华大使馆举行，来自北京外国语大学、广东外语外贸大学和哈尔滨师范大学的15名学生参加了比赛。参赛选手在比赛中朗诵各自选择的波兰优秀诗歌作品，展示自己的学习成果。

2016年11月，第二届全国大学生波兰语朗诵比赛在广东外语外贸大学举行，来自北京外国语大学、广东外语外贸大学、东北大学和肇庆学院4所高校的9名大学生分别参加了专业组和业余组比赛。

2022年11月，第三届全国大学生波兰语演讲比赛由广东外语外贸大学西方语言文化学院主办，北京外国语大学波兰研究中心、广东外语外贸大学非通用语种教学与研究中心协办。此届大赛报名人数创历史之最，经过校级选拔，最终有来自16所高校的波兰语专业本科生进入决赛。为更好地反映学生的语言功底、语言表达和应变能力，此届赛事既为初级组保留了波兰语朗诵环节，还在规则与内容方面做出创新，为中、高级组设置了“命题演讲”和“即兴演讲”两个环节。

2023年10月，第四届全国大学生波兰语演讲比赛由哈尔滨师范大学斯拉夫语学院主办，共有来自14所高校的37名学生通过校级选拔，进入决赛。本届赛事分为初级组、中级组和高级组，初级组分为“命题朗诵”和“即兴朗读”两个环节，中、高级组分为“命题演讲”和“即兴演讲”两个环节。

（二）比赛模式

该比赛通常于秋季学期举行，面向高校各年级学生。前两届比赛参加院校及学生数量较少，均以线下的形式开展。随着波兰语专业在全国范围内的蓬勃发展，第三届和第四届比赛均有来自国内的十余所高校报名参加，受此前新冠疫情等不可抗力因素影响，且各高校波兰语专业本科生在读期间均有学生出国留学，因此第三届和第四届比赛分别采取线上形式和线上线下相结合的方式进行。

二、比赛流程与赛制

（一）比赛规则

1.初级组（本科一年级学生）的比赛分为以下两个环节：

（1）诗歌朗诵（满分50分），选手朗诵主办方指定诗歌（目录中任选其一），每人朗诵限时3分钟。

（2）即兴朗读（满分50分），选手以抽签方式确定要朗读的波兰语文本，抽到题目后有 1 分钟的准备时间，每人朗读限时2分钟。

2. 中级组（本科二年级学生）和高级组（本科三、四年级学生）的比赛分为以下两个环节：

（1）命题演讲（满分50分），选手根据主办方赛前指定的题目进行演讲，每人演讲限时5分钟。

（2）即兴演讲（满分50分），题目以抽签方式确定，选手抽到题目后有 1 分钟的准备时间，每人演讲限时3分钟。

中级组和高级组命题演讲环节题目相同，但评分标准不同；即兴演讲环节两个组别题目不同。

（二）评审规则

1.评审委员会构成由主办方和协办方安排，多由行业和各高校副高职称或博士学位以上人员担任评委工作。

2.评审采用双盲模式，即在比赛开始前，不向选手公布评委信息；比赛结束前，选手都只以编号命名，不透露真实姓名和所在学校；在演讲过程中，选手也不得透露其真实姓名、所在高校或目前学校所在的城市。

3.评委在比赛前将收到评分表，每位选手比赛结束后，评委根据各位选手的综合表现独立打分。所有选手完成比赛后，由工作人员收集计分表，并统计分数。

4.采取剔除最高分和最低分，取平均分的办法计算，确定参赛选手的最后得分（保留小数点后两位）。

5.评分标准：

诗歌朗诵（50分）和即兴朗读（50分）		
评分项	评分标准	项目分值
语音语调	发音正确，语调自然	20分
流畅度	语速根据内容有所调控，无严重超时，无缺漏、重复、犹豫等	20分
感情	富有感情，与观众有表情、肢体上的互动	10分
命题演讲（50分）和即兴演讲（50分）		
评分项	评分标准	项目分值
语音语调	发音正确，语调自然	10分
语言风格	语言使用规范，符合演讲风格，用词丰富，适当运用俗语、谚语等	10分
流畅度	语速有所调控，吐词清晰， 自然流畅，无严重超时等	10分
演讲内容	观点鲜明，内容丰富，逻辑性强	10分
个人台风	富有感情， 自信大方，互动感强，形象鲜明	10分
注：中级组和高级组选手水平呈现系统性差异，但由于是组内竞争，所以可以用同一套评分标准。		

（三）奖项设置

赛事组织方根据具体报名人数，在每个组别分别设置一等奖、二等奖、三等奖和优胜奖。获奖学生将在赛事结束后一个月内收到自主办方寄出的获奖证书和奖品。

三、赛事能力与要求

（一）波兰语朗诵所需的基本能力

大声地朗读使学习者能够欣赏目标语言的节奏和韵律，并且能较好地接触文化精神，[①]这是初学者能够熟练进行口语交流的第一步。全国大学生波兰语演讲比赛自2014年举办以来，始终保留波兰语朗诵环节，具体朗诵内容各不相同。近两

① 陆青亿. 朗诵在外语教学中的作用与实践 [J]. 教育教学论坛，2018（48）:258-259.

届比赛中该环节包含指定波兰语诗歌朗诵和即兴波兰语文本朗读，其中即兴波兰语文本朗读内容选自波兰优秀文学作品和波兰语版《习近平谈治国理政》，以下围绕该比赛环节从两个方面阐述外语朗诵所需的基本能力。

1.文本理解能力

不同题材的文本需要采用不同的朗读语气，朗读者需要在理解文本的基础上做出判断。针对波兰语诗歌朗诵环节，选手在准备过程中需要深入理解诗歌所阐释的内容及创作背景，才能调动情绪，进行充分的表达。即兴波兰语文本朗读对于仅学习1—2个月的学生而言具有一定的挑战性，处于该学习阶段的学生词汇量有限，快速提取关键信息并判断文本类型非常考验学生的阅读理解能力。拿到题目后不妨先从自己熟悉的单词和短语入手，甚至可以借助格式及标点符号判断文本类型，运用合适的语气大声自信地朗读。

2.语音语调能力

语音语调是评估外语学习者口语能力的重要因素，也是外语朗诵比赛中重要的评分标准之一。学生需要在理解文本的基础上，对语音、语调、节奏等方面进行艺术加工，用声音演绎的方式把原作品准确、生动、流利地表达出来。在诗歌朗诵环节，选手赛前有充足的准备时间，而即兴波兰语文本朗读要求初级组选手能够熟练拼读波兰语单词，经常出现卡顿容易导致无法在规定时间内朗读完全部内容。即兴朗读的优秀表现绝非一日之功，需要学生平时坚持发音练习，模仿纯正波兰语语音语调，尤其加强对波兰语长单词和发音拗口的单词的朗读训练，在朗读文本时利用停顿和重音使语言更具层次感和节奏感。

（二）波兰语演讲所需的基本能力

1. 外语综合应用能力

外语综合应用能力一般是指听、说、读、写能力的综合，波兰语演讲比赛正是要求学生在训练中注重多种能力协调发展。无论是命题演讲还是即兴演讲，都需要参赛选手具备较强的阅读理解能力、创新写作能力和口语表达能力。只有准确分析给定主题的出题意图，才能提炼出题目中蕴含的重要问题，从而在后续的演讲稿的撰写中增加深度。外语演讲比赛不同于写作比赛，除精彩的演讲内容外，更需要演讲者优秀的口语表达能力，这就要求选手平时注意模仿波兰人的语音语调，勤加练习的同时注重词汇量的积累，尽快将单词从理解认知阶段转化为熟练应用阶段。

2. 临场思维反应能力

临场思维反应能力即应变能力，良好的应变能力可以帮助选手快速调动头脑中的知识储备并组织好语言，从而进行流畅的表达。与命题演讲相比，即兴演讲对学生的临场思维反应能力提出了更高要求，不仅要掌握丰富的知识，还要具备战略意识和大局观念，学会运用发散思维回答问题。应对即兴演讲比赛抽到的题目时，不妨先在头脑中列出提纲，争取做到点面结合、有理有据，避免想到哪说到哪。回答时可以采用固定模式，比如先提出自己的观点，再讲述原因或用具体的数据、事例阐述，最后点题并进行升华。在日常学习和训练过程中，着重锻炼自主思考和分析能力，尝试预测事态发展和走向并制定相应对策。

3. 演讲表现力与感染力

在波兰语演讲比赛中，除语音语调、语言风格、流畅度及演讲内容外，选手的个人台风也是重要的评分标准。无论是命题演讲还是即兴演讲，都需要选手以合适的语气和态度将自己的观点分享给评委和观众，大方自信的表达能够带来更好的展示效果。在演讲过程中也可以适当运用手势和面部表情来增强互动感和感染力，将演讲内容与观众的情感融合在一起。提升演讲的表现力与感染力，需要克服紧张慌乱的心理，平时多争取公众说话的机会，通过反复练习来总结经验。同时，注意分析别人的说话方式和演讲技巧，对于此方面的提升也很有帮助。

四、赛前准备与参赛步骤

（一）比赛前

1.选手选拔

主办方通常提前2—3个月发布本年度全国大学生波兰语演讲比赛参赛指南，

其中包含初级组指定诗歌朗诵目录及中、高级组命题演讲题目。根据规则设定，学生依照所在年级分为三个组别参赛，其中本科一年级学生为初级组，本科二年级学生为中级组，本科三、四年级学生为高级组。国内开设波兰语专业的高校可根据在校生人数自行选拔参赛选手，在校生总数为1—30人最多可选派 2 人参赛，大于或等于 31 人的最多可选派 3 人参赛（包括赴波兰交换的学生），并根据其所在年级确认所在组别。

以四川外国语大学为例，在提交参赛选手信息给赛事主办方前将参考全国比赛规则举办一轮校内选拔赛，由波兰语专业教师集体打分，评选出一、二、三等奖，表现突出的两名学生代表学校参加全国比赛。

2.参赛报名

各高校结束校内选拔赛后，在规定日期前将“参赛选手与带队老师信息表”发送至指定邮箱，此时距离全国比赛往往只有不到一个月的时间，因此参赛选手与指导老师需要抓紧时间进行有针对性的训练。

（二）比赛时

近两届比赛采用线上或线上线下相结合的比赛模式，无论学生亲自前往比赛现场还是通过电子设备参赛，都需要保持良好的心态，做好赛前准备工作。以下从心态调整、线下参赛仪表和线上设备要求三个方面为选手提供建议。

1. 心态调整

良好的作息和充足的睡眠可以使头脑保持清醒，从而保证比赛过程中的稳定发挥。全国大学生波兰语演讲比赛赛程紧凑，各组别比赛时间不超过3小时，参赛选手可根据时间安排调整作息，确保劳逸结合。部分选手容易怯场，导致临场发挥不佳，针对此类情况赛前可通过反复模拟训练的方式来树立信心，认识到在外语演讲中出现忘词或语法错误都是常见现象，不要乱了方寸，学会自我激励，保持冷静地继续演讲。除此之外，放松心态，不把得分高低看得过重，将参加比赛视为学习和交流的机会，便于明确今后的努力方向。

2. 线下参赛仪表

当选手站在很多人面前演讲时就会成为全场焦点，评委和观众不仅仅是在聆听演讲内容，还在注意着演讲者的仪表仪态。根据演讲主题，选择符合身份的服装是开启演讲的第一步。演讲过程中一定要注意仪表端庄、表情自然，以饱满的精神状态展现当代大学生的风采。除此之外，可以适当用眼神与评委和观众进行交流，自信大方、富有感染力的分享更容易得到大家的认可。

3. 线上设备要求

选手通过电子设备线上参赛与亲自前往比赛现场相比增加了更多不稳定因素，比如网络及软硬件设备。为保证比赛的公平公正，线上比赛采用双机位模式，即参赛选手正面为主机位（带麦克风和摄像头），侧后方1—2米处，约45°角位置为副机位（带摄像头）。两个机位的摄像头在比赛期间必须全程保持开启状态，同时参赛选手座位1.5米范围内不得存放任何纸质版、电子版资料。为了保证线上比赛效果，建议参赛选手在正式比赛开始前参与主办方的设备测试环节，确保所在位置具备有线宽带、Wi-Fi、4G/5G手机网络等两种以上的网络条件。提前布置好自己的参赛环境，确保赛场环境明亮、安静、不逆光且没有其他人在场。

（三）比赛后

各组别比赛结束后，工作人员将收集计分表并统计分数，随后直接进入点评环节和颁奖仪式。在与全国开设波兰语专业高校的优秀本科生进行同场比赛后，选手会有颇多感触，应及时进行总结，为以后的比赛积累经验。

五、参赛回顾与经验总结

（一）四川外国语大学参赛历程及成绩

四川外国语大学波兰语专业是在“一带一路”背景下开设的非通用语专业，2019年经教育部和重庆市教委批准设立，并于同年正式面向全国招生。迄今为止，四川外国语大学波兰语专业共派出4人次参加了近两届全国大学生波兰语演讲比赛，其中2022年1名学生获得中级组三等奖，1名学生获得高级组三等奖；2023年1名学生获得高级组二等奖，1名学生获得高级组优胜奖。

（二）中、高级组参赛经验总结

第三届和第四届全国大学生波兰语演讲比赛中级组和高级组都分为命题演讲和即兴演讲两个环节，由于是组内竞争，所以采用同一套评分标准。

1.命题演讲

2022年第三届全国大学生波兰语演讲比赛中命题演讲题目为《波兰语在中波文化交流中的作用》，2023年第四届全国大学生波兰语比赛中命题演讲题目为《如何用波兰语讲好中国故事？》。两届比赛命题演讲题目都以波兰语为核心，结合思政元素，在演讲内容上考查学生是否深刻理解外语人的使命与担当，是否具备国际传播意识和能力。

参赛选手在撰写演讲稿之前需要认真思考命题，厘清题目中各部分之间的关系。比如：在得知题目为《如何用波兰语讲好中国故事？》时，需要明确“什么是中国故事”“为什么要讲中国故事”“如何讲好中国故事”三个关键点，写作过程中更是要分清主次，重点突出用波兰语讲好中国故事的具体方法和举措。

初稿形成后再反复修改，站在听众的角度重塑逻辑，确保做到各部分之间详略得当、点面结合。演讲内容需要具备深度，但在增加深度和拔高的同时也要结合具体的点，以点突出中心。比如：作为波兰语学习者，结合自身兴趣，以一些具体的方式用波兰语介绍家乡文化等。

演讲稿形成后可以通过计时练习的方式把握节奏和时间，同时再对讲稿内容做出最后的调整，正式比赛前反复练习，熟悉内容，争取在限定时间内进行有效展示。虽然命题演讲在赛前有充分的准备时间，但临场发挥时出现忘词也不要惊慌。出现此类情况时不妨顺其自然，多采用平时常用的句式进行表达，让评委和观众清楚地了解你对该主题的想法，突出重点和亮点，切莫让过多没有实际含义的词句遮住精彩的内容本身。

2.即兴演讲

以四川外国语大学为例，在校内选拔赛阶段，大部分学生命题演讲环节表现出色，多数学生是在即兴演讲环节拉开差距的。第三届和第四届全国大学生波兰语演讲比赛中级组和高级组虽然赛事流程相同，但区别在于即兴演讲题目的难度不同，中级组的题目更方便参赛选手结合自身情况发表演讲，高级组的题目更多的是结合社会热点话题发表看法，话题更具有深度和讨论性。

2022年第三届全国大学生波兰语演讲比赛中级组即兴演讲环节部分题目：

1.谈谈网络的利弊。
2.我最爱读的书。
3.我最喜欢的城市。
4.谈谈你的理想职业。
5.城市生活和乡村生活哪个更好？
6.是否应该在对象国学习外语？

2022年第三届全国大学生波兰语演讲比赛高级组即兴演讲环节部分题目：

1.现代人需要怎样的英雄？
2.移动支付与传统支付孰优孰劣？
3.浅谈自媒体的利弊。
4.如何看待部分中国年轻人逃离大城市？
5.最好的家庭分工模式是怎样的？
6.网络时代如何保护个人信息？

即兴演讲相比命题演讲从外语综合应用能力、临场思维反应能力、语言表达准确性与流畅度等方面对参赛选手提出了更高要求，以下结合这些方面，提出三点建议。

（1）提升逻辑，丰富用词

为了便于评委和观众边听边理解，在即兴演讲开始前的1分钟准备时间里，建议选手提前打腹稿列提纲，在明确中心论点的基础上提升演讲内容的逻辑性和条理性。在演讲过程中可以适当运用表示顺序的词语，同时多用表示逻辑关系的连接词。

即兴演讲主题涉及范围广，很难在赛前准备阶段全部押中，但结合近两届比赛题目来看，中级组给定的题目多数比较贴近日常生活且容易与自身情况相结合，课堂所学过的词汇足以应对。这就需要参赛选手平时注意勤加复习并将所学知识融会贯通，避免出现“知道说什么，但不知道怎么说”的情况。高级组的题目对于参赛选手而言虽然具有更大的挑战性，但开放性问题让选手有较大的发挥空间，可适当使用俗语、谚语等高难度词汇，保证演讲内容的信息量足够丰富，避免由于语言匮乏造成的观点重复。

（2）切割话题，讲够时间

近两届全国大学生波兰语演讲比赛中即兴演讲环节限时3分钟，提升临场思维反应能力，做到始终有话说，从而避免尴尬是，这是参赛选手日常训练的重要目标之一。即兴演讲的重点在于让听众清楚你的观点，首先，在开头需要表明自己的态度，不要为了拖延时间而过度东拉西扯。其次，要在给定的话题内切割小点，调动头脑中相关的故事及案例，避免解释完题目后无话可说。最后，无论讲述了怎样的故事或案例，都要在结尾点题，回归话题本身进行总结。

（3）把握节奏，顺畅表达

提高语言表达准确性与流畅度需要长期学习和积累，掌握目标语种的语音、语调、词汇及语法，在不断地交流中发现问题，改正问题。选手在备赛阶段可以多准备一些共通性强的短语或词句，尝试将其运用到即兴演讲环节，提升即兴演讲内容的连贯性，避免卡顿。比赛过程中要找到合适的节奏，避免一味地追求语速而出现大面积的语法错误，学会运用平时熟悉的句型，清晰表达自己的核心观点，这样既能保证输出的稳定性，也能降低错误率。

全国大学生波兰语演讲比赛让国内开设波兰语专业的十余所高校学生聚集在一起，以比赛的形式促进各高校之间的交流互动，展现新时代外语人才的语言水平和精神风貌。同时，全国大学生波兰语演讲比赛也为高校间非通用语国际化人才培养搭建了交流平台。

“外研社·国才杯”“理解当代中国”全国大学生外语能力大赛

郑佳宝　陈志雯[①]

摘要：“外研社·国才杯”“理解当代中国”全国大学生外语能力大赛是由北京外国语大学主办、外语教学与研究出版社承办的全国性多语种专业比赛，旨在引导选手深入领会习近平新时代中国特色社会主义思想的核心要义，理解中国之路、中国之治、中国之理，涵养家国情怀、全球视野，拓展知识广度、思想深度，展现外语能力、跨文化能力、思辨能力、创新能力等综合素养。四川外国语大学积极开展了“外研社·国才杯”“理解当代中国”全国大学生外语能力大赛选手选拔和培训，推选拔尖的参赛者参与市级复赛和国赛，在广阔的舞台展现自我。本文将通过对赛制和参赛经验的介绍，展现四川外国语大学对多语种教学改革与创新的积极实践和对多语种人才的培养之路，为参赛者提供参考。

关键词：国才杯；外语能力；学生赛事；理解当代中国

一、赛事简介

“外研社·国才杯”“理解当代中国”全国大学生外语能力大赛是基于已有20余年办赛历程的“外研社·国才杯”全国英语演讲、写作、阅读大赛发展创新的，赋予原有赛事新的使命。“理解当代中国”不仅是大赛的使命，也是新一代全国大学生的历史使命。

---

① 郑佳宝，四川外国语大学西方语言文化学院葡萄牙语教师。陈志雯，四川外国语大学西方语言文化学院葡萄牙语专业在读本科生。

大赛以习近平新时代中国特色社会主义思想为指导，深入贯彻党的二十大精神，培养更多有家国情怀、有全球视野、有专业本领的高水平国际化人才，提高新时代我国国际传播人才自主培养能力，服务国家参与全球治理、推动构建人类命运共同体。同时，有助于推动“三进”工作、创新课程思政，深化教育改革、培育外语人才，讲好中国故事、服务国际传播。

大赛以“理解中国，沟通世界”为主题，引导选手深入领会习近平新时代中国特色社会主义思想的核心要义，理解中国之路、中国之治、中国之理，涵养家国情怀、全球视野，拓展知识广度、思想深度，展现外语能力、跨文化能力、思辨能力、创新能力等综合素养。

大赛由北京外国语大学主办、外语教学与研究出版社承办。各地省赛由各省、自治区、直辖市教育厅（教委）作为牵头单位组织实施。

大赛应国家所需，随时代而动，向未来而行。从2002年创办“CCTV杯”，到2010年更名为“外研社杯”，2018年拓展为“外研社·国才杯”，再到2023年升级为“理解当代中国”，大赛始终坚持理念引领和价值导向，持续探索形式与内容创新，为千百万青年学子打造追逐“青春梦”的广阔舞台，推动高校外语教育创新发展，为培养更多能够深入理解当代中国、讲好中国故事、传播好中国声音的高素质国际化人才贡献力量。

站在新的历史起点，大赛担当新使命，体现新内涵。较原有赛事，2023“外研社·国才杯”“理解当代中国”全国大学生外语能力大赛在以下三方面进行升级：

1.语种数量升级

为培养中国国际传播的后备力量，大赛设置英语组和多语种组两大组别，覆盖英语、俄语、德语、法语、西班牙语、阿拉伯语、日语、意大利语、葡萄牙语九个语种，覆盖语种数量大幅提升。

2.考查能力升级

在原赛项基础上增加翻译赛项（分笔译、口译），加强培养胸怀祖国、融通中外的各领域、高层次“中译外”翻译人才。同时，大赛更加侧重考查在国际传播和人文交流真实情境下的语言运用能力，增强比赛的实战性，全面提升学生用外语沟通世界的实践能力。

3.大赛规模升级

大赛仍采用校级初赛、省级复赛、全国决赛三级赛制。在国赛阶段，英语组各分赛项晋级选手总数为2000名，多语种组共计500名，相较之前赛事获奖人数大幅增加，大赛的影响面和受益面进一步扩大。在各省（区、市）教育行政部门推动下，省赛规模也相应扩大，为更多学生提供施展才华的舞台。

2023年3月25日，2023“外研社・国才杯”“理解当代中国”全国大学生外语能力大赛在第七届全国高等学校外语教育改革与发展高端论坛期间正式启动，主题为“理解中国，沟通世界”。①

二、比赛流程与赛制

“外研社・国才杯”“理解当代中国”全国大学生外语能力大赛分为校赛、省赛和国赛三个阶段，多语种组比赛各语种不设置分赛项。以2023年为例，比赛流程如下：

3月 大赛启动 ➡ 4—10月 校赛 ➡ 10—11月 省赛 ➡ 11—12月 国赛

（一）校赛

1.参赛注册

大赛官方网站（https://uchallenge.unipus.cn/）于2023年6月1日起开放参赛报名界面。参赛选手须在大赛官网的“选手报名/参赛”页面注册报名，进入页面后，选择相应的小语种进行报名。

2.组织方式

各参赛院校自行组织选拔。参赛院校须指定校赛管理员，负责大赛官网中的

① 资料来源：“外研社・国才杯”“理解当代中国”全国大学生外语能力大赛官方网站。

本校赛务管理工作。其中，四川外国语大学校赛以线上网考的形式，依托学习通平台双机位监督考生参加比赛，为考生打造了公平透明的良好考试环境。

3.比赛时间

2023年9月15日24时前。

4.比赛题目

设置有阅读、写作、演讲、汉俄／德／法／西／阿／日／意／葡笔译、口译等形式，赛题由参赛院校自定。

5.晋级省赛名额

开设相应语种的院校每校每语种可选拔2名选手。

（二）省赛

1.组织方式

各省大赛组委会组织，外研社线上承办。省赛选手名单须由校赛管理员于2023年9月15日24时前在赛事系统中提交。

2.比赛时间

2023年10月15日，不同语种比赛分时段进行比赛。

3.比赛题目

包括综合试卷及定题演讲两部分。综合试卷包括阅读客观题若干道、汉俄／德／法／西／阿／日／意／葡笔译2篇、写作1篇，赛题由大赛组委会提供；定题演讲要求选手根据大赛组委会公布的定题演讲题目进行2分钟演讲。

4.比赛方式

参赛选手登录大赛官网赛事系统作答。

5.晋级国赛名额

俄语1名，德语2名，法语1名，西班牙语1名，阿拉伯语1名，日语3名，意大利语2名，葡萄牙语1名。

（三）国赛

1.名单公布

2023“外研社·国才杯”“理解当代中国”全国大学生外语能力大赛多语种组国赛选手名单于2023年11月7日在官网上公布。

2.比赛时间

2023年11月18日：各语种比赛第一轮在线上举行。

12月6—8日：各语种第二轮比赛在北京举办。12月6日，参赛选手报到，并进行选手说明会、评审说明会和选手抽签工作。12月7日，多语种组国赛正式开启。12月7—8日，举行颁奖典礼。

3.比赛形式

第一轮：汉外口译、定题演讲及回答问题。

第二轮：汉外口译、即兴演讲及回答问题。

4.奖项设置

选手奖项：设置金奖20%、银奖30%、铜奖50%。

指导教师奖项：获奖选手的指导教师获得相应奖项，每位选手的指导教师不超过3名。

优秀组织奖：校赛组织工作或省赛成绩突出的院校获得优秀组织奖。

（注：以上比赛方案将根据实际情况进行适当调整，以赛前公布方案为准。）

三、赛事能力与要求

（一）赛事能力

2023“外研社·国才杯”“理解当代中国”全国大学生外语能力大赛在原赛事基础上增加翻译（分笔译、口译）能力考查，加强培养胸怀祖国、融通中外的各领域、高层次“中译外”翻译人才。同时，大赛将更加侧重考查在国际传播和人文交流真实情境下的语言运用能力，增强比赛的实战性，全面提升学生用外语沟通世界的实践能力。选手需加强领会习近平新时代中国特色社会主义思想，理解新时代中国特色社会主义道路，在学习与实践中拓展知识广度、思想深度，在大赛中展现外语能力、跨文化能力、思辨能力、创新能力等综合素养。

（二）参赛要求

参赛选手须为全国普通高等学校相应语种的全日制在校外国语言文学类专业本科生、硕士研究生及翻译硕士专业学位研究生。

四、赛前准备与参赛步骤

（一）赛前准备

赛前务必注册官网账号、填写基本信息、报名相应比赛，如院校组织参加全国统一线上初赛，须于赛前完成线上初赛环境测试，具体测试安排以通知为准。另外，还要注意报名时的常见问题。

成功报名后，多语种组比赛选手可通过官方渠道获取对应语种的备赛资源，其中包括《习近平总书记教育重要论述讲义》英文版和《中华思想文化术语（历史+哲学+文艺）》等推荐书目，以及高等学校“理解当代中国”外国语言文学类专业系列教材，助力选手针对性打磨语言技能，精准提升演讲、写作、阅读、笔译、口译等多种外语应用能力，丰富知识储备，增强文化意识。

（二）参赛步骤

1.校赛

参赛选手需确认报名信息，严格按照各高校要求参与校赛，以公开严谨的比赛精神参与省赛名额的角逐。

2.省赛

（1）赛前准备

参赛选手需根据https://ucc.fltrp.com/c/2023-09-25/520492.shtml里提及的所有赛前准备完成相关要求，关注注意事项并按要求参加赛前模拟测试，以确保比赛的顺利进行。

（2）比赛要求

正式比赛当天，各语种省赛选手须提前30分钟登录大赛官网进入答题系统，完成参赛设备、摄像头和网络的调试，等待比赛开始。开赛15分钟后视为迟到，选手不可参赛。比赛开始后30分钟内不允许交卷。答题倒计时结束后，仍未点击“交卷”的选手，系统会自动交卷。

（3）比赛内容

多语种组省赛包括定题演讲和综合试卷两部分，总分140分。比赛总时长为130分钟，每部分的比赛作答时间由选手自行调配。其中定题演讲40分，演讲时长不超过2分钟；综合试卷100分，建议作答时长120分钟。

3.国赛

国赛比赛平台为iTEST智能测评云平台。

正式比赛当天，各语种国赛选手须提前30分钟登录iTEST进入答题系统，完成参赛设备、摄像头和网络的调试，等待比赛开始。比赛不允许迟到，选手在规定时间内未进入比赛系统视为自动放弃比赛。

晋级国赛选手须于11月10日前申请加入QQ群组，关注群内发布的国赛比赛安排、赛前测试安排及赛前培训等内容。

五、参赛回顾与经验总结

从金桂飘香的九月到寒风瑟瑟的十一月，2023“外研社·国才杯”“理解当代中国”全国大学生外语能力大赛多语种组比赛圆满收官，来自全国近500所高校俄语、德语、法语、西班牙语、阿拉伯语、日语、意大利语、葡萄牙语专业的选手完成了比赛。大赛的多语种组为新增组别，旨在引导小语种学生深入领会习近平新时代中国特色社会主义思想的核心要义，关注国内国际时事，加深对中国理论和中国实践的认识，加深对中国特色话语体系的理解，学会用中国理论观察和分析当代中国的发展与成就，为推动高校外语教学改革与创新，培养堪当民族复兴大任的高素质国际化外语人才作出贡献。

此届大赛中，四川外国语大学多名选手在省赛、国赛中取得喜人成绩，为我校在系列赛事中积累了宝贵经验，笔者邀请到部分选手以及指导教师分享他们的备赛和参赛心得：

葡萄牙语专业2020级学生白佳桢表示，在本次比赛的三段赛程中，所有材料都来自政治文本。官方给出的备赛书籍主要有《葡萄牙语读写教程》《汉葡翻译教程》《葡萄牙语演讲教程》《高级汉葡翻译教程》。她较多使用了前两本作为备赛资源，尤其是《汉葡翻译教程》。白佳桢认为这是很好的政治类文本翻译的参考书籍，其中不仅有政治类文本中较多出现的政治词汇、术语的翻译，更有很多句式的翻译方法。经过对该教材的系统学习，她获益颇丰。此外，她感受到参加此类比赛的准备工作尤为重要，需要特别重视平时的积累，具体方法可以是增加中葡双语政治类文本及新闻的阅读量，做好整理。

葡萄牙语专业2020级学生吴骏表示，在日常学习之余，可以将《习近平谈治国理政》《中国关键词》等时政类葡语译本作为补充学习资料，尝试自己多产出，对葡语水平提升有很大的好处。

意大利语专业2020级学生尹鹏瑾表示，认真阅读“理解当代中国”系列教材在备赛过程中起着至关重要的作用。坚持用这套书备考后，他感觉很多考题都迎刃而解。另外，外语能力大赛更注重考查考生的综合能力，所以平时要多积累相关知识，打牢综合基础。

意大利语专业2020级学生章玙瑞在语言学习和对外交流方面有许多收获，在这次比赛中学到了很多跟当代中国政治相关的表达，加深了对新时代中国道路的理解，有了这次比赛的经历，认为自己以后能够更好地向别人，尤其是外国友人介绍中国。

葡萄牙语专业教师郑佳宝表示，在筹备本届大赛的校赛过程中，参赛学生的语言水平、政治素养和综合能力是非常重要的考量因素，建议参赛学生对参考书目和“理解当代中国”系列教材进行全面的学习，以获得足够的知识支撑；除此之外，学生需具有良好的交际能力和较强的心理素质，才能从容应对更高层次比赛的压力，发挥出应有水平。

韩素音国际翻译大赛与意大利语人才培养

陈英　孙璐瑶[①]

摘要：韩素音国际翻译大赛曾名为“韩素音青年翻译奖竞赛”，是目前中国翻译界组织时间最长、规模最大、影响最广的翻译大赛，每年由中国翻译协会和外语院校或综合类大学的外语学院联合主办，目前已开设十个语种与汉语的互译，共计二十个竞赛项目。本文从赛事简介、比赛流程与规则、赛事能力与要求、赛前准备与参赛步骤、参赛回顾与经验总结五个方面，介绍该竞赛的概况、规则和题目特点，解读参赛选手需具备的能力，并提出相应的参赛建议。本文旨在帮助有意参加该竞赛的师生增加对竞赛形式和内容的了解，系统备赛，同时培养优秀的意大利语专业人才。

关键词：韩素音国际翻译大赛；赛事能力；意大利语人才培养

一、赛事简介

韩素音国际翻译大赛曾名为“韩素音青年翻译奖竞赛”，是目前中国翻译界组织时间最长、规模最大、影响最广的翻译大赛，并受到全国乃至海外青年翻译爱好者的欢迎和认可。大赛每年一届，由中国翻译协会和外语院校或综合类大学的外语学院联合主办。

大赛至今已有三十多年历史，《中国翻译》杂志从1986年开始举办青年“有奖翻译”活动，每年举办一次。1989年3月韩素音女士访华期间，与《中国翻译》

① 陈英，四川外国语大学西方语言文化学院意大利语教师。孙璐瑶，四川外国语大学西方语言文化学院意大利语专业在读研究生。

杂志主编叶君健在京见面。韩素音女士一直非常支持中国的翻译事业，她了解到正在举办的这一青年翻译活动后，当即表示愿意提供一笔赞助基金，使这项活动更好地开展下去。经过商议，《中国翻译》杂志决定用这笔基金设立“韩素音青年翻译奖”。因此，1989年原名为“第四届青年有奖翻译比赛”的大赛，在揭晓活动中改称为“第一届韩素音青年翻译奖竞赛”。从2018年起“韩素音青年翻译奖竞赛”正式更名为“韩素音国际翻译大赛”。

2018年之前，大赛分别设立英译汉和汉译英两个奖项。从2018年第三十届起，除英汉互译外，增加了法语、俄语、西班牙语、阿拉伯语四个语种与汉语的双向互译，共计十个比赛项目。从2021年第三十三届韩素音国际翻译大赛开始，在之前的基础上增加了德语、日语、韩语与汉语的双向互译，共计八个语种，十六个比赛项目。2022年增加了葡萄牙语、意大利语两个语种与汉语的双向互译项目，并增加外籍选手报名渠道。目前，该比赛包括英语、法语、俄语、西班牙语、阿拉伯语、德语、日语、朝鲜语、葡萄牙语、意大利语十个语种与汉语的互译，共计二十个竞赛项目。参赛者可任选一项或同时参加多项竞赛。

韩素音国际翻译大赛激励了广大青年学习外语的热情，推动了外语教学事业的发展，有力促进了我国翻译队伍整体水平的提高。从参赛队伍中涌现出的优秀青年翻译工作者已经成为目前我国外语教学界和翻译实践第一线的骨干与中坚力量。①

二、比赛流程与规则

（一）参赛要求

参赛者年龄：18—45周岁。

参赛译文要求参赛者自主独立完成，杜绝抄袭等现象，一经发现，取消参赛资格。自公布竞赛原文至提交参赛译文截稿之日，参赛者请勿在任何媒体公布自

① 资料来源：中国翻译协会网站文章《有关“韩素音青年翻译奖”竞赛》（http://www.tac-online.org.cn/index.php?m=content&c=index&a=show&catid=402&id=927）。

己的参赛译文，否则将被取消参赛资格。

（二）比赛时间

1月中旬	中国翻译协会官网公布本届竞赛规则，发布竞赛原文 线上报名和线上译文提交开始
6月1日零时	线上报名和线上译文提交截止
10月或11月	中国翻译协会官网公布获奖结果
年底	颁奖典礼

（三）参赛流程（以当年中国翻译协会官网通知为准）

1.报名

国内选手报名：关注“中国翻译”微信公众号，在对话框内输入“竞赛报名”，填写报名表，线上支付报名费，报名成功后将通过电子邮箱和微信收到“报名确认通知”（内含由数字或字母组成的12个字节的“报名凭据”等）。每人每个组别只有一次报名机会，一位参赛者可报名多个组别。报名完成后，若需查询报名凭据，可通过“中国翻译”微信公众号查询。在对话框内输入“报名记录查询”，填写姓名和证件号，查询个人报名信息（报名凭据）。

外籍选手报名：登录中国翻译协会官网，在“韩素音国际翻译大赛专栏”中选择需要参加的比赛专栏，点击“外籍选手报名通道”中的“在线报名”，填写信息提交报名表，审核（约5个工作日）通过后，电子邮箱收到“报名确认通知”（内含由数字或字母组成的12个字节的“报名凭据”等）。每人每个组别只有一次报名机会，一位参赛者可报名多个组别。报名完成后，若需查询报名凭据，可通过中国翻译协会官网上报名时的“外籍选手报名通道”中的“结果查询”选项查询个人报名信息（报名凭据）。

2.下载竞赛原文

各组别的竞赛原文可在中国翻译协会官网“韩素音国际翻译大赛”专栏下载。竞赛原文为一篇2—3页的文章或节选，题材多样。汉译外组别中，不同目标语种的中文原文材料相同。

3.线上提交译文

参赛者需在规定时间前登录中国翻译协会官网，在“韩素音国际翻译大赛”专栏中，点击相应的提交参赛译文链接。填写姓名和报名凭据后，系统会在线显示报名信息，参赛者根据提示在线提交相应组别的参赛译文。

译文提交要求：

（1）译文内容与报名时选择的参赛组别须一致，不一致视为无效参赛译文。

（2）参加英译汉、汉译英竞赛项目的译文须将文字直接拷贝粘贴至提交译文的文本框内。其他语种参赛译文须为word文档.docx格式文件，大小不超过2M。

（3）文档内容只包含译文，不得添加脚注、尾注、译者姓名、地址等任何个人信息，否则将被视为无效译文。

（4）规定时间之前未提交参赛译文者，视为自动放弃参赛资格。每项参赛译文一稿有效，不接收修改稿。

4.获奖结果公布

竞赛结果将通过中国翻译协会官网、《中国翻译》杂志和微信公众号等公布。

奖项设置：

（1）竞赛设一、二、三等奖和优秀奖若干名。一、二、三等奖将获得证书、奖金和刊发大赛揭晓信息的《中国翻译》杂志一本，优秀奖将获得证书和刊发大赛揭晓信息的《中国翻译》杂志一本。竞赛颁奖典礼将于年底举行，竞赛获奖者将获邀参加颁奖典礼。

（2）大赛组委会将评定“最佳组织奖”若干名，获奖单位将获邀参加颁奖典礼。

三、赛事能力与要求

韩素音国际翻译大赛考查的主要是参赛选手的笔译能力，竞赛原文不过多涉及某一领域的专业知识，而旨在考查选手在笔译方面的综合能力。与笔译相关的能力要求可分为语言能力、翻译技巧、知识储备、细节处理几个方面。

（一）语言能力

不论是意译汉，还是汉译意，良好的语言能力都是翻译实践的基础。语言能力不仅指意大利语能力，也包括汉语能力。在意译汉比赛中，考查的是意大利语的理解力和汉语的表达能力。首先要读懂原文，这需要有一定的意大利语词汇积累和扎实的语法知识。有时一个词的含义不唯一，需要结合上下文和语境，才能推断出它在句子中的具体含义，否则很容易出现误解。除此之外，意大利语中经常出现结构复杂的长句，与汉语的表达习惯差别较大，正确分析理解长句，将其拆分成符合汉语习惯的短句，并不影响原意，这既需要理解原文的意大利语能力，同时又需要汉语表达能力。实际上，汉语能力在意汉翻译中很重要，但这种要求常常被忽视，很多同学认为只要能读懂原文，翻译中的其他问题就迎刃而解了，其实不然，要做出符合汉语表达习惯的译文，要经过反复推敲和修改。韩素音国际翻译大赛结束后，往往会给出参考译文，这些译文通顺流畅，没有翻译腔，仿佛用汉语自然写成。要做到这种效果，优秀的汉语表达水平必不可少。如果汉语基础不牢，就很容易被意大利语“带偏”，写出不符合汉语习惯的译文。

对于以汉语为母语的参赛选手来说，在汉译意比赛中，原文理解方面不会有太大问题，难点在于中国特色内容的意大利语表达。以第三十四届韩素音国际翻译大赛为例，汉译外材料的标题是“让非遗绽放更加迷人的光彩”，第三十五届的题目是“2022年‘海外中国旅游文化周’硕果累累”，其他年份的汉译外题目也不乏中国特色的内容。汉译意的译文除了要做到语法正确、流畅通顺，还需要准确表达“脱贫攻坚”“乡村振兴”“绿水青山就是金山银山”等政治热词，以及“西湖”“工夫茶”“海南黎锦”等中国特色文化内容，甚至还可能出现“明月几时有？把酒问青天”这样的古诗词。这就需要参赛选手多积累一些中国特色政治词汇的官方表达，并灵活处理意语中不存在的中国特色文化概念，力求贴切。

（二）翻译技巧

在语言能力达到要求的基础上，要做好笔译，合适的翻译方法和技巧也必不可少。源语和目的语作为两种不同的语言，在用词、句子结构、表达方式、语言习惯等方面均不相同，翻译时极易受源语的影响，造成译语的语言不自然，因此要不断考虑如何保存原文的思想内容，又要使译文自然流畅，符合目的语表达方式[①]。下面介绍一些基本的翻译方法：

归化和异化

在翻译中涉及文化差异时，对于原文中包含的文化内涵，一般可以采用两种翻译方法：归化和异化。归化是指以目的语文化为侧重点，以信息接收者为核心的翻译策略。这种翻译最大限度地使用目的语文化可以接受的表达，使译文符合目的语的文化特点，让读者更容易理解译文。异化是指以源语文化为侧重点的翻译，着眼于对民族文化差异性的保留，让译文尽可能多地反映异域文化特性和语言风格，使读者有新鲜感。在实际操作中，也可以根据具体情况，采用异化和归化相结合的翻译策略，在内容和形式上既注意保留，也适度调整。[②]

词类转换翻译法

词类转换翻译法是指在翻译中，将源语中属于某种词性的词语翻译成目的语中属于另一种词性的词语，比如将源语中的名词翻译成目的语中的动词、将源语中的形容词翻译成目的语中的副词等都属于词类转换翻译法。[③]

比如汉语中使用代词的情况比意大利语中要少得多，如果在汉语中代词使用不当，会造成混乱。意译汉中，很多时候可以把代词指代的内容直接写出，让意思更清晰。或者有时代词没有必要译出，也可省略，如“lo so”中的“lo”。

意大利语中有一些具备动词概念的名词，尤其在正式文本中比较常见，在翻译时可以转换成汉语中的动词。比如“richiede le grandi importazioni di…”中的“importazioni”是名词，但在汉语里需要用动词来表达，译为“需要大量进口……”。有时形容词可以转译成名词，比如“Il vento è favorevole”可以译成“风是顺风”，而不是把“favorevole”的含义“有利的”直接写出来。

---

① 周莉莉．意汉翻译理论与实践 [M]. 北京：外语教学与研究出版社，2015：40-41.

② 同上：78-79.

③ 同上：91.

语义补偿

翻译是一种信息交流，需要把原文的信息传达给读者，但意义走失时常发生。除了语言理解上的问题，还由于一些难以避免的原因，比如文化、语境背景、语言本身的差异，导致即使词语或句子表面对应，但整体传达的信息无法完全对应。这时就需要对语义进行补偿。

补偿中经常使用的方法有增译，即在原有词的基础上增加内容，补充源语。例如，“Raccontava senza fine delle sue sventure, delle cadute, degli schiaffi ricevuti, delle derisioni, come un Pulcinella”可以译为“他总是讲自己如何遭遇不幸，如何跌倒，被打耳光，受人嘲笑，活像假面戏剧里的丑角‘普钦奈拉’”。“普钦奈拉”是意大利假面戏剧里的角色，意大利读者对这个名字耳熟能详，但不了解意大利文化的中文读者很可能会觉得困惑。因此，译文中补充了“假面戏剧里的丑角”，对这个专有名词加以解释，既没有对原文做过多的更改，又方便读者理解作者想表达的意思。

减词法

在两种语言之间进行的翻译并不仅仅是词与词的相互转换，译文一定要通顺、地道、流畅，符合目的语的表达习惯。意大利语翻译成汉语时，很多代词、连接词、冠词都可以省略，并不会影响意思的表达，相反，如果全部逐词翻译出来，反而不符合汉语的表达习惯。此外，有时完全直接翻译，会导致重复累赘，比如“la carrozza privata tirata dal cavallo”没有必要翻译成“马拉的私人马车”，可以直接译为“马车”[①]。汉译意也有同样的问题，比如“嘴里已没有一颗牙”不需要译为“non ha più un solo dente in bocca”，只要说“non ha più un solo dente”即可。

（三）知识储备

每届翻译大赛的原文主题多样，并没有固定的范围，尤其是外译汉的组别，每篇文章都会有不同的背景，涉及不同的知识，需要查找资料深入了解，才能更好地理解外语原文。比如意译汉的竞赛原文中，第三十四届比赛的意大利语原文

① 周莉莉．意汉翻译理论与实践[M]. 北京：外语教学与研究出版社，2015：105.

为《友人生平》节选。竞赛节选的部分是作家对一位朋友洛克的介绍，其中很大篇幅涉及意大利作家加达的《梅鲁拉那大街上的惨案》，以及书中的主角英格拉瓦罗警长。因为这部小说对洛克有很大影响，故事发生的地点正是洛克生活的城市，英格拉瓦罗警长的形象与洛克本人也不无相似之处。文中还提到《梅鲁拉那大街上的惨案》所表达的核心内容：对“原因”概念的全新诠释。如果不了解这些相关的知识，在理解原文意思时会有很多困难。另外，这段篇幅不长的节选还提到了戏剧演员爱德华多·德·菲利波、作家帕特里克·莱斯·弗莫尔、画家德·基里科、埃及托特神、西尔韦斯特里尼派神父等，文化内容密集。如果要做好翻译，就需要做很多翻译之外的工作，搜索相关资料，了解查证。如果有一些文化方面的知识储备，就会事半功倍。第三十五届比赛的意大利语原文是关于阿马尔菲海岸的介绍，主题是文化景观的自然价值。文中提到了阿马尔菲海岸的特殊地貌、当地人的农业活动、植物类型和生态环境，参赛者需要对阿马尔菲海岸的环境特点有基本了解，才能更好地理解文章。这篇文章并非文学文本，但也提到了莱奥帕尔迪的抒情诗《金雀花》，可见意大利文学知识积累在笔译中的重要性。

相比之下，汉译外组别的竞赛原文主题会集中一些，大部分会涉及中国文化或新闻，比如非物质文化遗产（第三十四届）、春节（第三十二届）、地名中的传统文化（第三十届）、“屠呦呦热”（第二十八届）。参赛选手对中国文化并不陌生，但尤其要注意的是如何用外语准确表达中国文化的相关内容。首先对汉语概念的含义要有透彻的理解，同时还需要积累一些固定译法。

（四）细节处理

常言“细节决定成败”，翻译是一项严谨的工作，在翻译比赛中，细节更是不可忽视。有些问题并非出于语言能力不足，而是没有仔细检查校对、认真考证导致的。这种细节问题在比赛中属于“硬伤”，需格外重视。

首先要注意的是格式。竞赛规则中如果明确给出了字体、字号等要求，一定要遵守；如果没有具体要求，可以参考一般翻译文稿的格式。这里给出一种格式，仅供参考：中文宋体，小四号，1.5倍行距；意大利语Times New Roman字体，小四号，1.5倍行距。[①]

此外，还需要注意人名地名的处理。尤其是将意大利语翻译成中文时，不能随意音译，而应该先查证是否有固定或通用的译法，如果确实没有，再自己处理。可以参考《意大利姓名译名手册》《世界地名译名手册》等工具书。人名地名以及其他重复出现的特定词汇，要仔细检查，做到全文前后一致。

译文提交要求中明确规定“文档内容只包含译文，不得添加脚注、尾注、译者姓名、地址等任何个人信息，否则将被视为无效译文”，因此要注意不得在文档中加入任何个人信息，也不能在译文内添加注释，如果有确实需要补充的信息，应尽量融入译文内容中。

四、赛前准备与参赛步骤

（一）赛前阶段

笔译比赛很考验平时的知识和能力积累，如果有意参加比赛，可以在平时打好语言基础，课上课下认真做翻译练习，提高自己的理解能力和表达能力。可以通过翻译方面的书籍系统了解翻译知识和技巧，下面列出一些可供参考的图书：

1.《意汉翻译理论与实践》

本书实现了理论与实践相结合。理论部分包括翻译概论、翻译的性质、翻译的原则——翻译三要素、翻译和语篇的文体、中意文化与意汉翻译、翻译与对等、翻译技巧和翻译准则等章节。实践部分编入了大量的翻译练习和意汉、汉意翻译常用语句。附录中编入了“意大利语常用词缩略语表”。[②]

2.“理解当代中国”意大利语系列教材

系列教材包括《意大利语读写教程》《意大利语演讲教程》《汉意翻译教程》《高级汉意翻译教程》，其中《汉意翻译教程》面向普通高等学校本科意大利语专

---

① 见第二十八届、第二十九届等翻译大赛格式要求。

② 周莉莉．意汉翻译理论与实践 [M]. 外语教学与研究出版社，2015：3.

业学生,《高级汉意翻译教程》面向翻译硕士专业学位研究生、欧洲语言文学（意大利语）学术学位硕士研究生。《汉意翻译教程》除绪论外共10个单元。各单元选文及练习均选自《习近平谈治国理政》第一卷、第二卷。每单元探讨习近平新时代中国特色社会主义思想的一个重要方面。《高级汉意翻译教程》的单元设置同上，但单元结构有所差别。通过对教材的学习可以掌握时政文献汉意翻译的能力，同时提高用意大利语讲好中国故事的能力，推动中国更好走向世界，世界更好了解中国。

3.《翻译研究》《翻译新究》

《翻译研究》是思果先生历时七年研究的结晶。书中谈到中文修辞、字词、白话文、中文语法，还谈到被动语气、固有名词、新词、句型，以及译者容易犯的翻译错误和解决的方法。虽然本书主要谈论的是英汉翻译，但涉及的问题是各种语言共通的。《翻译新究》则通过大量案例，告诉读者如何在翻译中保证“中文要像中文”，避免中文译文过度欧化。

此外，还可以通过网络资源积累词汇、学习技巧，如CRI国际在线网站，即中国国际广播电台网站。中国国际广播电台是中国唯一国家级对外广播电台，其“国际在线”网站是由53种语言组成的中国语种最多的网络平台。在其中可以学习很多中国特色内容的标准意大利语表达。

（二）参赛阶段

有意愿参加比赛的同学可以关注中国翻译协会官网和“中国翻译”微信公众号的相关消息，及时报名。从大赛启动到译文提交截止往往有几个月的时间，因此参赛者有充分的时间思考理解、查询资料、修改打磨译稿。竞赛原文发布后参赛者可以尽早着手翻译，以便预留出修改的时间。译文完成后如果有充分的时间认真修改检查，可以避免很多不必要的错误。

另外需注意的是，参赛译文提交后不可修改。为避免截止日期服务器过度拥挤，请尽量提前报名和提交参赛译文。

（三）赛后阶段

比赛结束，公布获奖结果后，中国翻译协会官网一般会公布本届比赛的参考译文。参赛选手可以下载查看，对比自己的译文，发现自己的翻译有哪些错误和不足，了解自己在哪些方面还有差距，这一点非常重要。参加翻译比赛的过程也是学习的过程，不论最终能否获奖，积极参与，认真准备，仔细反思，总会有所收获。

五、参赛回顾与经验总结

自2021年韩素音国际翻译大赛设立了意汉组别以来，大赛共举办两届，我校意大利语专业同学积极参与，2020级研究生孙璐瑶获得了第三十四届韩素音国际翻译大赛意译汉三等奖。第三十五届韩素音国际翻译大赛中，有两位我校意大利语专业的毕业生（现为北京外国语大学研究生）获得奖项，一位获得了意译汉三等奖和汉译意三等奖，一位获得了汉译意优秀奖，展现了我校学生扎实的翻译实践能力。

韩素音国际翻译大赛已经成为我校意大利语专业学生展示自己翻译技能和扎实翻译实践能力的重要平台。通过参与这一盛事，学生不仅有机会与来自世界各地的优秀译者交流切磋，还能够在实际操作中深化对翻译理论与实践的理解。我们总结出几点参赛经验，供各位同行和同学参考：

坚实的语言基础是成功的关键。精通意大利语和汉语的学生更容易理解原文的深层含义，并准确地表达出来。

广泛的文化知识储备非常重要。理解文化背景能够帮助译者更好地捕捉和传达原文的细微差别。

持续的实践和反思是提高翻译技能的必经之路。通过不断实践并分析自己的翻译作品，不断提升自己的翻译质量。

参与国际翻译比赛等活动能够提供宝贵的学习机会。这些机会不仅可以让学生了解翻译界的最新动态，还可以让他们接触到更多样化的翻译任务，挑战自我。

良好的时间管理和心理调节能力也是成功参赛的关键因素。学会有效分配时间，面对压力时要保持冷静，对于完成高质量的翻译工作至关重要。

总之，通过参加韩素音国际翻译大赛，意大利语专业的学生不仅能提升自己的翻译技能，更重要的是学会了如何在不同文化之间架起沟通的桥梁。我们期待未来有更多的学生加入这一挑战中来，传承和发展中国的意大利语翻译事业。

世界中葡翻译大赛

游雨频　白佳桢[①]

摘要：世界中葡翻译大赛自2017年起已成为促进中国与葡语国家文化交流的重要平台。来自中国内地、澳门特别行政区、葡语国家的高校和相关专业的师生以及葡语学习爱好者，通过葡语翻译的实践和跨文化交流，共同探索和展示中华文明与葡语文化的深厚内涵。这一盛事不仅推动了中葡文化的相互理解与尊重，还为增进不同高校葡萄牙语专业之间的对话、友谊与合作搭建了坚实的桥梁。基于四川外国语大学葡萄牙语专业师生参加第七届世界中葡翻译大赛的经历和经验，本文旨在与曾经参赛的葡萄牙语专业的老师和同学切磋心得，同时为未来的参赛者提供参考和借鉴。

关键词：世界中葡翻译大赛；跨文化交流；翻译能力；葡萄牙语人才培养

一、赛事简介

2023年适逢“一带一路”倡议提出十周年以及《粤港澳大湾区发展规划纲要》（以下简称《纲要》）公布四周年。《纲要》提出构建澳门“以中华文化为主流，多元文化共存的交流合作基地”的重要发展定位。在这一背景下，在澳门特别行政区政府社会文化司司长办公室、中央广播电视总台亚太总站、语言大数据联盟（LBDA）和葡萄牙理工高等院校协调委员会（CCISP）的大力支持下，澳门教育及青年发展局和澳门理工大学于2023年合办第七届世界中葡翻译大赛。本

① 游雨频，四川外国语大学西方语言文化学院葡萄牙语教师。白佳桢，四川外国语大学西方语言文化学院葡萄牙语专业在读本科生。

届赛事旨在促进澳门积极融入国家发展大局、推进粤港澳大湾区建设、提升澳门的国际影响力、发扬其多元文化的共融传统。

（一）赛事历程

自2017年始，世界中葡翻译大赛已成功举办六届，吸引了亚洲、欧洲、南美洲及非洲众多高等院校报名参赛，成为全球规模最大、参与人数最多、影响力最深远的中葡翻译赛事。该赛事激发了澳门及中国内地高校学生学习葡语及葡语国家学生学习汉语的热情，促进了中国葡语教学和翻译教学，并在推动中国和葡语国家友好经贸关系、支持粤港澳大湾区及国家“一带一路”建设方面发挥了积极作用。

迄今为止，已有数千位来自澳门、中国内地和葡语国家高校以及葡语相关专业的师生参与了比赛。作为中葡翻译学界的盛事，该赛事借助澳门三文四语、中西融通的独特优势，为中葡学子提供了一个相互交流学习、切磋技艺的重要平台。作为“翻译中国”实践者，该比赛向葡语国家及全球展示了中华文明的精神标识和文化精髓，推动了中外文明互鉴。

（二）赛事目的

举办中葡翻译大赛的目的是加强世界范围内高等院校学生之间中葡语言翻译技术的交流，更好地培养中葡翻译专才，发扬团队合作精神，并进一步推动中葡翻译教学与科研的最新成果在澳门、中国内地以及“一带一路”葡语国家的应用。

（三）赛事特色

1.强大支持：得益于澳门特别行政区政府社会文化司司长办公室、中央广播电视总台亚太总站、语言大数据联盟（LBDA）和葡萄牙理工高等院校协调委员会（CCISP）的支持，世界中葡翻译大赛不断壮大。

2.多元文化共融：赛事秉承《纲要》的发展理念，在中葡翻译领域推动澳门“以中华文化为主流，多元文化共存的交流合作基地”的建设，将多元文化融合贯穿于整个赛事过程。

3.推动语言学习：通过比赛激发澳门及中国内地高等院校学生学习葡语及葡

语国家学生学习汉语的热情，促进中国葡语教学和翻译教学的发展。

4.国际友好关系：作为全球规模最大的中葡翻译赛事，世界中葡翻译大赛有力促进中国和葡语国家的友好经贸关系，为粤港澳大湾区及国家“一带一路”建设注入新动力。

（四）参赛资格

1.凡属以下其中一类高等院校的中葡翻译、中葡语言或相关领域的本科学生及孔子学院学生均可组队参加此次大赛：

（1）加入语言大数据联盟（LBDA）的高等院校；

（2）澳门高等院校；

（3）中国内地高等院校；

（4）葡语国家高等院校；

（5）其他国家/地区设有中葡翻译、中葡语言或相关领域的高等院校；

（6）世界各国家/地区孔子学院。

2.参赛队伍须由二至三名学生组成，每支队伍可有一名指导教师，学生和指导教师均须来自同一高等院校（包括在该校交流的学生和教师）。

3.参赛学生不得同时参加其他队伍的比赛。

4.指导教师可指导多支参赛队伍。

二、比赛流程和赛制

（一）比赛流程

1.公布大赛章程（2023年6月6日）

6月6日下午3时在澳门理工大学召开了“第七届世界中葡翻译大赛”新闻发布会，公布了比赛章程，包括参赛资格、报名方式、重要比赛日期、设立奖项、比赛形式、评审标准等。该日起至8月25日，选手可自行组队并在大赛官网完成报名流程。

2.截止报名（2023年8月25日）

2023年8月25日前，参赛选手应当完成所有报名流程。另外，报名表提交一个月后，主办单位不再接受参赛队伍学生或指导教师的人员变动。

3.发出原文（2023年9月15日）

2023年9月15日，主办单位通过随机方式选定原文，将翻译任务通过电子邮件分发给各参赛队伍。

4.截止提交参赛作品（2023年10月29日）

2023年10月29日前，各参赛队伍需完成原文的翻译并在官网逐句提交。

5.公布比赛结果（2023年12月28日）

2023年12月28日，大赛主办单位在澳门特别行政区政府入口网站以及澳门理工大学官方微信公众号发布获奖信息。

（二）赛制

1.翻译任务要求

在比赛过程中，各参赛队伍必须遵循主办单位设定的时间限制（2023年9月15日至10月29日）完成翻译任务。每支队伍将随机抽取不同内容的翻译原文，要求其翻译作品覆盖至少1500句原文，但不得超过2000句。为确保比赛的公正性，只有首次提交的翻译作品被认为是有效的。一旦提交，主办单位将不接受任何修改或重新提交。

2.合作与抄袭规定

参赛队伍的翻译作品必须由各队独立完成。任何形式的合作翻译、抄袭、使用机器翻译或请他人校订的作品都将被视为无效，相应的参赛队伍将被自动取消参赛资格。

3.著作权责任

为规避潜在的纠纷，主办单位明确规定，若因比赛作品引发著作权或其他纠纷的，由参赛队伍自行负责。

4.评审标准

（1）传递信息准确（50%）：译文完整准确传达原文信息，逻辑清晰、术语规范、数字翻译准确。

（2）表达明晰顺畅（30%）：译文表达符合目的语的语用习惯，语法准确，表达流畅，用词贴切。

（3）语言风格一致（20%）：译文与原文表达风格一致，体现原作者的用语特点。

考虑到翻译作品的数量，评审团在评分中进行了相应的扣减规定。如果参赛队伍翻译的原文数量少于2000句但多于或等于1500句，评审团将按比例扣减相应分数。如果翻译数量少于1500句，将记为0分。

（三）奖项设置

大赛奖项设置丰富，以激励和表彰在翻译领域表现卓越的参赛队伍。共有奖项四类，预计有20支参赛队伍获奖。

1.大赛奖三项

（1）冠军（1队）：奖金40000澳门元（其中参赛队伍学生33000澳门元，指导教师7000澳门元）。

（2）亚军（2队）：奖金24000澳门元（其中参赛队伍学生19000澳门元，指导教师5000澳门元）。

（3）季军（3队）：奖金15000澳门元（其中参赛队伍学生12000澳门元，指导教师3000澳门元）。

2.粤港澳大湾区高等院校特别奖（2队）

每队奖金8000澳门元（其中参赛队伍学生6500澳门元，指导教师1500澳门元）。

3.葡语国家高等院校特别奖（2队）

每队奖金8000澳门元（其中参赛队伍学生6500澳门元，指导教师1500澳门元）。

4.优秀奖（10队）

每队奖金2000澳门元（其中参赛队伍学生1500澳门元，指导教师500澳门元）。

三、赛事能力与要求

该赛事旨在深化语言翻译技术的跨文化交流，为中葡翻译领域培养专业人才，弘扬卓越的团队协作精神。通过激发学生的兴趣，推动中葡翻译教学与科研在澳门、中国内地以及"一带一路"葡语国家的广泛应用。

此次比赛的重点在于考查参赛选手的汉语理解能力、汉葡翻译水平、长文本信息处理技能以及团队协作能力。选手将在比赛中接触到多样的语言素材，要求准确理解并转化为自然、通顺的葡萄牙语表达。同时，参赛选手还需展示出对于长篇文本信息的敏感度和高效处理能力，在确保翻译质量的同时，保持文本的一致性和流畅性。

团队协作是关键要素之一，参赛选手与队友共同应对翻译任务，共享经验和智慧，这有助于培养他们协同合作的能力。通过这一赛事，有望进一步促进中葡语言翻译领域的发展，为培养更多优秀的中葡翻译专业人才贡献力量。

四、赛前准备与参赛步骤

在收到翻译原文后，指导教师组织了一次长文本翻译方法的培训，主要讲解不同文体不同语言风格的翻译方法以及翻译侧重点。以我们小组为例，抽取到的2400句原文中，小说占一半以上。

为了更好地贴近原文的风格，我们参考了部分现实主义小说的翻译方法，对《许三观卖血记》《活着》等小说的原版与葡语译版进行了对照阅读。总结其翻译风格和语言特点，并运用在具体的翻译中。

（一）方法论指导

在此次比赛的章程中，我们未找到明确的翻译目的和用途。在开始翻译前，需要推测适合评审老师要求的译文风格和翻译方法。因此，我们决定以目的论作为此次翻译大赛的方法论指导。

目的论以充分性而非等值作为评价译文的标准。在目的论理论框架下，充分性指译文要符合翻译目的的要求，即在翻译过程中基于目标选择实现翻译目的的符号。这是一个与翻译行为相关的动态概念。等值指的是译语文本与源语文本处于不同的文化语境，但实现了相似的交际功能。等值只是充分性的一种表现形式，是描述翻译结果的静态概念。从上述分析中，我们认识到连贯性原则和忠实性原则并非普遍适用。在翻译过程中，我们应以目的原则和忠诚原则为指导，并以合适性作为评价译文的标准。

与传统的"等值观"不同，目的论注重的不是译文与原文是否对等，而是强调译者在翻译过程中以译文的预期功能为出发点，根据各种语境因素选择最佳处理方法。也就是说，译者的翻译策略必须由译文的预期目的或功能决定，即所谓的"目的法则"。在注重译文功能的同时，该理论同时强调译文在译语环境中的可读性，即"连贯法则"，以及译文与原文之间的语际连贯，即"忠实原则"，但后两者都必须服从于目的原则。

1.目的原则

目的论认为，所有翻译活动遵循的首要原则是"目的原则"，即翻译应能在译入语情境和文化中，按译入语接受者期待的方式发生作用。翻译行为所要达到的目的决定整个翻译行为的过程，即结果决定方法。但翻译活动可以有多个目的，这些目的进一步划分为三类：

（1）译者的基本目的（如谋生）；

（2）译文的交际目的（如启迪读者）；

（3）使用某种特殊的翻译手段所要达到的目的（如为了说明某种语言语法结构的特殊之处采用按其结构直译的方式）。

2.忠实性原则

翻译的忠实性原则是指在进行语言转换的过程中，尽可能地保持原文的意思、风格和情感，以确保译文能够准确传达原文的信息。这一原则强调翻译的目标是传递源语文本的含义，而不是仅仅进行语言的转换。

为了遵循翻译的忠实性原则，我们主要从以下几个方面入手。

（1）语义准确性：翻译的首要任务是确保传递的信息是准确无误的。译者需要理解原文的含义，并选择合适的词语和结构表达相同的意思。

（2）文体和风格：忠实性原则要求译者在保留原文风格的同时，将其转换成目标语言的等效表达。这涉及对文学作品、专业文档等不同领域的了解和适应能力。

（3）情感传达：有些文本中蕴含着作者的情感、态度或者文化背景，翻译时需要注意保留这些情感色彩。这对于文学作品、广告、宣传等具有感情色彩的文本尤为重要。

（4）文化因素：原文可能包含与特定文化相关的元素，如习语、俚语、传统等。译者需要在保持忠实性的同时，确保目标语言的读者能够理解这些文化元素。

（5）上下文考虑：翻译时需要考虑原文所在的语境，以确保译文不仅在单一句子层面上保持忠实，还要在整个文本和语境中具有一致性。

3.连贯性原则

根据翻译的连贯性原则要求，在翻译过程中，译文应该具有流畅自然、条理清晰的特点，以确保读者能够顺畅地理解翻译内容。这一原则关注的不仅是单个句子的连接，还包括整个文本的一致性和连贯性。

为了遵循翻译的连贯性原则，我们主要从以下几个方面入手。

（1）语法和结构一致性：翻译的词语和句子结构应该在目标语言中保持一致，这有助于读者更容易理解文本，避免造成混淆。

（2）上下文衔接：译者需要在译文中保持上下文的连贯性，确保译文中的每一部分都与前后文相互衔接，形成一个完整的语境。这对于长篇翻译或复杂的文本尤为重要。

（3）指代一致性：在翻译中，译者需要确保代词、名词等在整个文本中的使用是一致的，以避免读者产生困惑。

（4）时态和语态的一致性：翻译应该保持与原文相同的时态和语态，除非上下文需要调整。这有助于维持整体的文本风格和逻辑。

（5）专业术语的统一：在特定领域的翻译中，保持专业术语的统一性是非常重要的。避免在一个文档中使用相似但不同的术语，以确保专业性和准确性。

（6）逻辑关系的保持：保持原文中的逻辑关系，确保信息在翻译中的呈现顺序是合理的，有助于读者更好地理解文本。

（7）风格和语气的连贯性：译文应该在语言风格和语气方面与原文一致，尤其是在涉及特定作者的独特风格或情感表达时。

（二）翻译难点

由于翻译任务繁重，我们决定将原文分为两个部分，每组分别完成初译，随后再进行交换。然而，在这个分工协作的过程中，不可避免地出现了一些对原文内容的理解和翻译存在误差的情况，尤其是在涉及方言或相对较难理解的语境时。这使得我们深刻认识到需要更加仔细审视原文，共同协商和理解其中可能存在的语言难点，以确保最终的翻译质量。这次经验也让我们认识到团队间的密切合作和及时沟通的重要性，以便更好地克服语言障碍，提高翻译的准确性和一致性。

（三）参赛步骤

与其他翻译比赛相比，本次比赛独特之处在于需要从2400句中选择1500至2000句进行翻译。以我们队伍抽选到的原文为例，2400句分别来自七篇不同文体不同篇幅的文章。与其他参赛队伍一样，我们也面临着每篇文章的风格和写作方式差异巨大的挑战。考虑到逐句翻译的工作量和难度较大，我们决定均分任务初译后交换译文进行修改，并制定了以下步骤。

1.翻译语段选择：经过讨论后，我们认识到散文翻译难度较大。因此，在选择原文进行翻译时，我们有意避开了散文，选择了三篇不同题材和文体的文章。

2.分工合作：将2000句翻译原文按小组成员人数均分，但需要注意根据原文的文体和写作风格进行合理分工，以确保译文的风格统一。

3.葡萄牙语版本选择：在确定翻译语句后，需要明确翻译成巴西葡萄牙语还是欧洲葡萄牙语。由于巴西葡萄牙语实际使用人数更多，可以查阅到的资料更丰富，我们决定翻译为巴西葡萄牙语。

4.文学作品参考：为了确保翻译的风格与策略与原文一致，我们阅读了现存翻译的风格类似的葡语文学作品，以获取灵感和参考。

5.分工初译：按照分工，两个小组成员对分配到的1000句原文进行初译。在初译过程中需要注意尽量避免错译、漏译。同时需要注意语句是否通顺，有没有改变原文感情色彩，同一语篇语言风格是否一致等问题。

6.初译版本检查与修改：在完成初译后，我们分别对自己的初译版本进行了仔细检查，修改和补充了其中错译和漏译的部分。特别是对于原文中出现的方言或可能引起歧义的表述，格外注意并进行了适当的修改。

7.小组协作：小组成员交换修改过的译文，进行评价和修改意见的交流，进行再次修改，并将修改后的译文交由指导教师审核。这个过程有助于进一步提升译文的质量和一致性。

8.最终译文确定：在经过多次的修改和讨论后，确定了最终的译文，并在官网上逐句提交译文。

五、参赛回顾与经验总结

在此次赛事中，无论是作为参赛选手还是指导老师，我们都深刻体会到翻译任务的复杂性。规定的时间要求，让我们必须在高效中保持准确；翻译作品数量的要求，要求我们有广度和深度的表现。这一切都要求我们不仅要在个人层面不断提升，更要在团队中相互学习，共同进步。

每支队伍都必须独立完成翻译任务，合作翻译、抄袭等行为都会被认定为无效。这让我们深刻理解到在竞争中，诚信和独立思考的重要性。这不仅是对比赛公平性的保障，更是对参赛者专业素养的要求。

整个评审过程严谨而公正，评审团根据信息传递准确度、表达明晰顺畅以及语言风格一致性进行评分。这一全面而严格的评审标准确保了对每支队伍的公正评价，同时也推动了我们翻译水平的全面提升。

评分扣减规定是对参赛队伍全面素质的检验。翻译作品的数量直接影响了最终的得分，这就要求我们不仅在质量上有所突破，更要有足够的数量。这一规定旨在鼓励我们充分挖掘和展示翻译的广度和深度，为自身发展留下更多的空间。

在这次比赛中，我们不仅是翻译者，更是团队合作者，是在全球舞台上展示自己才华的代表。这次经历不仅是对我们语言翻译技能的锻炼，更是对团队协作和应变能力的全方位考验。我们深刻感悟到，翻译不仅是语言之间的转换，更是文化的传递。每一次精准的表达都是对两国文明的尊重，是对共同理解的追求。这正是中葡翻译大赛的独特魅力，通过翻译，我们能够更好地认识和尊重对方的文化。这个经验将成为我们葡语学习生涯的宝贵财富，推动我们在语言翻译领域更上一层楼。期待未来，继续在语言翻译的道路上不断前行，将这次难忘的经历融入自己的专业发展中。

中波最佳译文竞选大赛

王珺　燕然[①]

摘要：中波最佳译文竞选大赛于2018年首次由波兰驻华大使馆与波兰驻华大使馆文化处共同举办，该项赛事每三年举办一次，一般于11月下旬发布比赛通知与当年大赛主题，主要聚焦于中波文学及文化翻译领域。该项赛事面向中国高校全体波兰语专业在读学生以及往届毕业生，不仅可以促使参赛者更深层次了解波兰经典文学作品、体悟波兰文化，不断提升自我的翻译技巧和语言能力，更是为当前复合型、高素质国际化人才的培养搭建起良好的实践交流平台。译文竞选大赛旨在促进国内全体波兰语专业在读学生及往届毕业生对当代波兰文学的了解，鼓励青年翻译家探索新的体裁和主题，并加强中波两国翻译界之间的交流与合作，增进两国双向文化交流与理解。

关键词：中波文化交流；文学翻译与鉴赏；能力提升

一、赛事简介

（一）赛事举办概览

中波最佳译文竞选大赛是波兰语专业领域内含金量最高的赛事之一，本次选拔赛由主办方波兰驻华大使馆和波兰大使馆文化处、174位来自中国各大高校的波兰语专业学生、高校代表以及媒体共同完成，大赛以“翻译是一件‘易事’

---

① 王珺，四川外国语大学西方语言文化学院波兰语教师。燕然，四川外国语大学西方语言文化学院波兰语专业2019级学生。

吗？”为年度主题，内容要求为：翻译波兰悬疑小说家沃伊切赫·赫米耶拉什的最新作品《易事》。

（二）赛事举办意义

中波最佳译文竞选大赛举办意义深远，首先，该大赛可以促进文化交流和跨文化理解。在国际交流中，翻译是桥梁和媒介，有助于不同国家和地区之间的对话与互动。通过举办这样的翻译比赛，可以吸引对波兰文化感兴趣的人参与，同时也为波兰文化走向世界提供了一个平台。参赛者通过翻译作品，将波兰的文学、诗歌、小说等作品带入不同的语言和文化背景中，让更多人了解和欣赏波兰文学的独特之处。其次，该大赛有助于提高和培养翻译的技能与能力。翻译是一项艺术和技巧相结合的工作，要求参赛者在保留原作风格和意境的同时，将其转化为另一种语言的表达。参赛者可以不断锻炼自己的翻译技巧，扩展词汇量和语言运用能力，提高对不同文化的理解。此外，波兰文字作品翻译大赛也推动了文学作品的传播与推广。通过翻译，可以让波兰文学作品走向更广泛的国际读者，丰富他们的文学视野，同时也为波兰作家提供更多的国际展示和认可的机会，这对于促进波兰文学的发展和推动文学界的交流与合作具有积极的影响。最后，波兰文字作品翻译大赛还鼓励和激励了年轻翻译者的成长与发展。年轻的翻译者常常面临机会有限的问题，这样的比赛为他们提供了向世界展示自己才华的平台。参赛经历可以增加他们在翻译领域的曝光度，提高竞争力和知名度，为他们的职业发展打下基础。

总之，中波最佳译文竞选大赛举办意义重大，有助于促进文化传播与交流、提高翻译水平、推广文学作品和激发年轻翻译者的潜力。这样的比赛为波兰文学的传承与发展作出了重要的贡献。

二、比赛流程与赛制

参赛者需满足以下条件：

1.在中国学习波兰语专业或其他以波兰语为教学语言的专业；

2.在中国学习上述专业，但暂时在波兰居住和学习的人员；

3.上述专业的毕业生，毕业时间不早于2021年。

比赛共分为两个组别：

1.第一组别：初学者——本科一、二年级学生。

2.第二组别：进阶组——本科三、四年级学生，研究生及近两年的毕业生。

大赛评估由两个阶段组成。第一阶段的筛选由国内高校的波兰语专业负责人、中央广播电视总台以及主办方的5名波兰语言文学专家完成。本次参赛作品水平较高，共有64篇作品获得进入第二阶段评审的资格。第二阶段的评委会由两名优秀且经验丰富的译者组成——来自格但斯克大学的乌兰教授与来自华沙大学的Małgorzata Religa博士。本次比赛作品的完成度也比较高，在174篇翻译作品中，有64篇作品获得了进入第二阶段的资格，有12篇最终获奖，另有7篇入选优秀作品。

在线报名将持续到通知后两周。报名结束后，参赛者将于次日收到比赛指定的波兰语作品节选。每个组别的节选将根据参赛者的水平进行调整。

评审委员会将在每个组别中选出3名优胜者，他们将获得由波兰驻华大使馆和波兰驻华大使馆文化处提供的现金奖励（见表1）。

表 1　竞赛金额明细表

组别一		组别二	
第一名	1000元	第一名	2000元
第二名	500元	第二名	1000元
第三名	300元	第三名	500元

除此之外，获奖者还将有机会赢得由波兰驻华大使馆颁发的荣誉证书、波兰语原文纪念图书。

三、赛事能力与要求

中波最佳译文竞选大赛是为了促进中波两国语言之间的交流与理解，提升翻译的质量和水平。为了确保波兰语翻译大赛的公正性和竞争性，对参赛者的能力有一定的要求。

1. 波兰语语言能力

参赛者必须具备良好的波兰语语言能力，包括听、说、读、写和翻译，若有相关语言等级证书佐证则更佳。参赛者应对波兰语的语法、词汇和表达习惯有深入的了解，并能够准确理解和传达波兰语，同时参赛者应能够流利、准确地理解和表达原文含义。

2. 目标语言能力

参赛者需要具备出色的目标语言（通常为母语）能力，以便将波兰语准确、流畅地翻译成目标语言。参赛者应该熟悉目标语言的表达习惯、文化背景和惯用语，以确保翻译的自然和准确性。

3. 翻译技巧

参赛者需要掌握翻译技巧，并能够将波兰语文本有效转化成目标语言文本，保持原文的意思和风格。应该具备良好的解读和分析能力，能够抓住原文本中的语境和含义，并在翻译过程中做出合适的决策，以达到最佳的翻译效果。参赛者需具备优秀的翻译能力，能够将原文中的意思准确地传达到目标语言中，保持翻译的一致性和流畅性。除此之外，文化理解也至关重要，参赛者应对中波两国的文化有一定的了解和理解，以便能够在翻译过程中传达正确的文化内涵和背景。

4. 专业知识

参赛者对相关领域的专业知识应有一定了解，特别是对于特定主题、术语和行业要领。应该熟悉常见的领域词汇，能够在翻译过程中准确运用这些术语，确保翻译的准确性和专业性。

5. 时间管理

参赛者需要具备良好的时间管理能力，能够在规定的时间内完成翻译任务。应该能够在不影响质量的情况下高效处理大量的翻译工作，并且具备解决问题和应对挑战的能力。

6. 抗压力性

参赛者需要在竞赛环境中保持冷静和专注。在遇到时间限制时应该能够处理紧张的情况，应对时间压力和其他不确定因素，以保持高质量的翻译。参赛者应该经过专业知识学习积累以备不时之需，在翻译具体领域的资料时参赛者应具备相关领域的专业知识，尤其是涉及特定领域的文本翻译，如法律、医学、科技等。

7. 团队合作

在某些情况下，参赛者可能需要与其他人合作完成翻译任务。因此，良好的团队合作能力尤为重要。应该有良好的沟通技巧、合作精神和互动能力，以确保团队的协作高效顺畅。

8. 创意与创新

参赛者可以加入一些创意和创新的元素，使翻译更加生动有趣，同时保持原文的完整性和准确性。

总结起来，中波最佳译文竞选大赛对参赛者的能力要求较高，需要具备优秀的波兰语和目标语言能力，熟练掌握翻译技巧，并具备专业知识。此外，良好的时间管理、抗压力性和团队合作能力也是成功参赛的关键要素。通过这些能力的综合运用，参赛者有望在大赛中脱颖而出。

四、赛前准备与参赛步骤

（一）赛前准备

1. 了解大赛举办的理论意义及应用价值

波兰作为近年来蓬勃发展的中欧国家，不仅拥有悠久的历史风俗、独特的建筑风格和灿烂的艺术作品，更是在文学尤其是诗歌领域涌现出一大批风格迥异且优秀卓越的文豪。大赛通过要求参赛选手翻译波兰现代极具代表性的作品选段，分析作品的创作特点来体悟两国在相同时期创作风格的异同性，进一步探究中波两国的跨文化交际影响因素。在推动中国文化向外传播的同时，拓宽国内对于波兰文学作品特点的研究。因此，在实际翻译前，对翻译选段进行较为充分的时代及创作背景分析，并细致考量这篇波兰文学作品的风格特点与同时期我国文学作品是否存在相似性与差异性，进而推导出社会环境对于文学作品创作的影响。理解主办方背后的这一深刻意义，有助于加深国内读者对于波兰文学作品风格的了解与认识，为两国文化的互鉴互信及其他领域的友好合作作出积极贡献。

2. 学习翻译技巧及方法

初学翻译，基本是从字字对译开始的，但随着学习的深入，我们发现，即使句中的每一个单词都认识，字字对译出来的译文也可能不通顺，更有甚者只能望洋兴叹，对照原文无从下手，生发出“只可意会，不可言传”的感叹。针对这种现象，可以借鉴一些前辈总结出来的方法。从宏观而言，有以下几点值得学习。第一，充分理解原文，在开始翻译之前，确保对原文有正确的理解。仔细阅读原文，理解其中的语义、结构和上下文，并掌握作者的写作意图。第二，语言转换，翻译的目的是将原文转换为目标语言，因此要充分理解原文的含义，并用流畅、准确的语言表达出来。第三，遵循目标语言的语法、词汇和句法结构，以确保翻译的准确性和流畅度。第四，保持一致性，在翻译长篇文本或多篇相关文档时，保持术语、词汇和风格的一致性非常重要。使用一致的翻译术语和词汇，确保整体文档的连贯性和专业性。第五，在进行特定领域的翻译时，了解该领域的相关背景知识非常重要。通过阅读专业书籍、相关文献和资料，以及与专业人士交流，提高对专业术语和行业要求的理解，从而更好地进行翻译工作。第六，文化适应性，翻译不仅涉及语言转换，还涉及文化因素。要意识到不同文化之间的差异，并确保翻译内容适应目标受众的文化背景。使用当地化的语言和表达方式，避免使用与目标文化不相符的词汇或表达方式。第七，合理利用翻译工具，提高效率和准确性。例如，机器翻译软件、术语库和翻译记忆工具都可以帮助翻译人员加快翻译速度，同时保持一致性和准确性。第八，校对和修改，完成翻译后，进行校对和修改是至关重要的。仔细检查翻译的准确性、语法和拼写错误，并确保翻译是否符合原文的意思和风格。

从具体方法而言，正所谓词汇乃语言的骨骼，因此一般来说掌握翻译的方法首先应集中在词汇调整上。词汇调整的方法主要是在一个句子里从最微观的层面对某一个词进行替换、引申、减少或增加，从而使译文更加通顺。在使用增加和减少这两个词语翻译技巧时，一定要把握波兰语原文的意思，不可根据自己的主观臆测乱增或者乱减，在此过程中可以适当增加时态、语态、单复数概念方面的词。对某些由动词或形容词派生出的抽象名词进行翻译时，可以根据上下文在其后增添适当的名词以做进一步的解释。波兰语中的某些代词、连词、冠词可以减少或者省略不译。但无论如何都不能违背一个基本原则，即不能改变作者原意和作品想要传达的内涵。

替换与引申是进行词汇调整时使用最多的方法，围绕波兰语中习得的单词本意，到汉语中寻找同义词或者近义词进行替换，或者用汉语与波兰语中某一个相似的说法引申出更深内涵。例如，在波兰语中“głęboki”是一个常见的形容词，意为“深的”，但如遇上下文，则需要根据具体语境取不同含义方能更加贴近汉语常见表达习惯。在波兰语中，同一个词在不同的语境中往往会有不同的含义，翻译时需要考虑词语的搭配关系，弄清一个词在上下文的确切含义，然后再进行翻译，绝不能脱离上下文，把一个波兰语词汇直接与同一个汉语词汇对等起来机械翻译。

此外，根据单词的本意在目标语言中寻找同义词或近义词进行替换，以及根据上下文和汉语表达习惯围绕单词本意进行替换亦是常见的翻译方法。有时还需要把波兰语的某一个具体概念抽象化，或者把抽象的概念具体化，这样才能让译文通顺。

如遇节奏感较强的抒情段落，可以使用重复和转换的手法以增强气势。重复经常用于翻译波兰语中的并列结构，转换则是指词性上的转换。比如波兰语中用名词，汉语译文则不一定用名词，有可能转化成动词译出或者将动词作为名词译出，有时为保持上下文的一致性也可将形容词译为副词或动词等。总之，翻译技巧涉及对原文的理解、准确的语言转换、一致性的维护、背景知识的研究、文化的适应性、利用翻译工具和校对与修改等方面。通过运用这些技巧，可以提高翻译质量和效率，达到更准确、流畅的翻译结果。

3. 掌握翻译理论与特殊视角

在前期的学习准备中，我们发现文学翻译较普通生活用语翻译而言更多的是一种双向互济、彼此欣赏的过程，因此或许可以代入比较文学的视角进行升华与拔高。目前，国内在比较文学视角下进行的相关翻译研究主要聚焦于中国与英美、日本文学的比较，且较多集中在小说、戏剧体裁领域。经查找发现，相当一部分比较研究侧重于中国唐诗宋词与西方浪漫主义风格诗歌的对比。现存的研究文献中，对于中东欧国家的文学研究不仅单独分析了对象国的创作特点，也涉及了对比研究的内容。

因此，在比赛中不应局限于翻译出给定的一小篇节选段落，而要在阅读过一定数量的中波经典作品的基础上，思考风格异同，使译文的语言风格尽可能符合原作，表达方式尽量符合目标受众的阅读习惯。此外，在整理推敲的过程中，应对不同时期、不同体裁的文学作品的特点进行简单归类并概括其风格，梳理出一些异同点，为在正式比赛中充分发挥和熟练运用打下坚实基础。

（二）参赛步骤

中波最佳译文竞选大赛无疑为波兰语专业的学生提供了开阔眼界的宝贵实践平台，参赛者需要对整体赛制流程进行了解并从全局予以把握，以下为参赛建议。

1.了解比赛细则：仔细阅读官方发布的比赛公告，了解比赛的具体要求、参赛条件、翻译范围和评选流程等重要信息。

2.收集资源和背景知识：在准备参赛之前，收集中波两国的相关资料，包括文化、历史、风土人情等方面的知识。

3.练习翻译技巧：参赛者应该进行一些翻译练习，以熟悉和提高自己的翻译技能。可以选择一些中波文本进行翻译，并请母语为波兰语的朋友或老师提供反馈和指导。

4.关注语言和文化变化：语言是一个不断变化的生命体，因此，参赛者需要时刻关注中波两国的语言和文化变化。了解最新的表达方式和流行词汇，以便在翻译中能够准确地传达信息。

5.按照指定的文本进行翻译：参赛者按照要求翻译节选文本，建议阅读与此选段有紧密关联的上下文，在熟悉文章题材和涉及领域的基础上进行翻译，有助于更好地理解并准确传达文本的意思。

6.翻译实践和修改：在翻译过程中，积极实践并不断修改翻译作品是非常重要的。多次反复阅读和检查翻译文本，调整语序，尽量在保证原文内涵不被改动的基础上符合中文的表达习惯，确保语言通顺、表达准确，并符合比赛要求。

7.遵守规定的提交截止日期：确保按时提交参赛作品。提前完成翻译并留出时间进行最后的修改和校对，以确保作品的质量和准确性。

五、参赛回顾与经验总结

以下是笔者作为参赛选手对本次参赛历程的回顾和经验总结：

我非常荣幸能够在本届中波最佳译文竞选大赛中获得特别奖，这次比赛对我来说是一次非常宝贵的学习经历，使我积累了许多难以单纯在课堂和理论中获得的经验，并学习了文学翻译和跨文化交流领域的相关知识，同时提升了自己的实战能力。

赛前，指导老师推荐我阅读了相关的中波书籍资料，了解两国文化的异同。我们还共同研究了往年的获奖译文，学习其他获奖者的经验和技巧，知己知彼，百战不殆，这样充分翔实的准备是不可或缺的。

理解和传达作者的意图至关重要。作为一名译者，在确保译文能引起目标受众共鸣的同时，还要传达原作精髓和作者意图。这种微妙的平衡需要仔细考量文化差异、惯用表达和文学手法。为此，我花费较多时间分析原文的语言和风格，并且阅读了选段以外的部分原书内容，注重在忠实原文和目标语言所需的改编之间保持平衡。翻译的准确性虽是关键，但也不应损害译文的可读性和文化相关性，力求使译文更加明白晓畅和生动自然。

在比赛过程中，我充分感受到“复语复专业”、“小班教学”以及“第二课堂”的综合培养模式带来的强大助力。通过这种体系化、立体化的学习，我发现任何一种语言和技巧都不是孤立存在的，比如高级英语笔译课程中的方法可以平移运用到波兰语翻译中，反之亦然；而在作品中将多学科多领域的知识融会贯通、灵活运用远比呈现单一技巧更加高级全面。这次比赛深化了我对“翻译”这个不断发展的动态化领域的理解，让我意识到翻译工作的重要性和挑战性。翻译不仅是简单地将一种语言转化为另一种语言，更是一种艺术和技巧的结合，要求译者在翻译过程中遵循“信、达、雅”以及“忠实原文”的基本原则，运用平时积累的语言功底、跨文化交流的能力以及良好的创造力进行翻译。这就要求我们不能满足于既有成就，要将语言学习融入日常生活，广泛涉猎，重视日复一日的写作、口语训练和文学底蕴的积累，笔耕不辍，履践致远，在提升语言能力和理解运用能力的道路上永不停歇。

波兰西里西亚大学诗歌翻译大赛

王珺　燕然[①]

摘要：波兰西里西亚大学诗歌翻译大赛是一项以推广和鼓励诗歌翻译为宗旨的赛事。该大赛由波兰卡托维兹西里西亚大学主办，一般于每年暑期夏令营结束后面向全体外籍波兰语学习者举行，旨在促进跨文化交流和文学传播。比赛时间通常为数周到数个月，参赛者需在规定的时间内翻译一首指定的波兰诗歌。它为来自全球各国的波兰语学习者提供了一个展示自己才华的平台，也为文学爱好者提供了一个学习和鉴赏异国诗歌的机会。通过比赛，可以感受不同文化背景下的诗歌之美，加深对不同语言和文学传统的理解和交流。

关键词：文化交流；波兰诗歌；翻译大赛；素质提升

一、赛事简介

波兰西里西亚大学诗歌翻译大赛是一场旨在促进跨文化交流和文学艺术传播的盛会，该比赛旨在邀请参赛者翻译波兰语诗歌，并将其呈现给来自世界各地的读者。通过比赛，可以打破语言壁垒，了解波兰文学、文化和波兰语诗歌的魅力。

此项比赛的举办意义是多方面的：首先，波兰是一个拥有悠久历史文化和杰出诗人的国家，通过翻译波兰语诗歌，可以欣赏到波兰文学的独特之处并拓宽自己的文学视野。其次，翻译是文化传播的桥梁，通过参与翻译大赛，选手可以深

① 王珺，四川外国语大学西方语言文化学院波兰语教师。燕然，四川外国语大学西方语言文化学院波兰语专业2019级学生。

入学习运用波兰语和翻译技巧，有助于促进不同文化之间的交流和理解，推动各国文学和艺术的交流与发展。最后，波兰语诗歌翻译大赛对于推动本国文学翻译的发展具有积极的意义。翻译是一项需要深厚语言功底和文化理解的艺术，通过参与大赛，选手们可以提升自己的翻译技能和专业素养，同时也得到了展示自己才华的平台。

不同于普通的翻译竞赛，此项赛事聚焦于诗歌这种体裁，显然对参赛者提出了更高的翻译要求：使用自己熟悉的目标语言完整翻译诗歌内容，评审团根据翻译的准确性、意境的呈现、语言的优美等标准进行综合评判，评选出最优秀的翻译作品。

二、比赛流程与赛制

波兰西里西亚大学诗歌翻译大赛旨在促进跨文化交流与理解，让参赛者有机会展示他们对波兰诗歌的理解与翻译能力。该比赛是一个综合性的翻译竞赛，旨在鼓励参赛者通过精准而富有表现力的翻译，传达原诗作者的意图和情感。通常会按照以下的比赛流程和赛制进行：

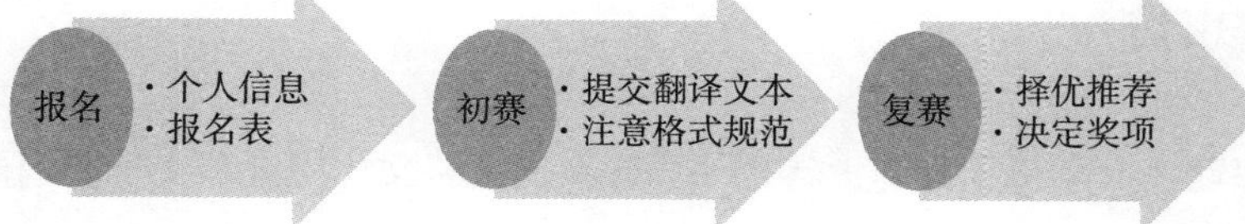

图1　赛制流程

1.报名阶段

参赛者需要通过相关渠道报名。报名过程需要填写个人信息并提交相关证明材料，如翻译经验、语言水平证书等。参赛者需要在规定的时间内完成报名手续并提交报名表，一般需要提供个人信息以及所选翻译的诗歌作品。

2.初赛评审

初赛评审由专业的评委团队进行。评委根据参赛者提交的翻译作品进行评分，并筛选出一定数量的优秀作品进入决赛。参赛者在初赛阶段，需要根据主办方给出的诗歌作品进行翻译。一般会有一定的时间限制，参赛者需要在规定时间内完成翻译并提交作品，评委根据翻译的语言准确性、表达的准确性和诗歌意境的传达等方面给予评分。

3.复赛评审

初赛结束后，评委根据初赛作品的质量和翻译水平选择优秀的作品晋级复赛。在复赛阶段，参赛者需要再次翻译主办方提供的诗歌作品，并提交作品。由评委会对参赛作品进行评分，并最终确定比赛的获奖名单。

4.奖品设置

比赛结束后，主办方会举行颁奖仪式，将获胜者的证书、一本波兰语图书及波兰旅游局制作的纪念品颁发给参赛者，同时对其他优秀参赛者进行表彰。除此之外，一些获奖的翻译作品还会被收录在相关的文学杂志或出版物中，增加其传播范围和影响力。

5.比赛评分标准

波兰西里西亚大学诗歌翻译大赛评分标准包括以下几个方面：

语言准确性：参赛者翻译的文本应与原诗的语义保持一致，语法结构正确，词义清晰。

表达准确性：参赛者翻译的文本应能准确表达原诗的意境、情感和意思。

诗意体现：参赛者翻译的文本应能传达原诗作者的诗意和文化内涵。

独特性和创造性：参赛者翻译的文本应具有独特性和创造性，能够重新创造原诗的艺术形象和表达方式。

注意，如违反以下规则将会被取消比赛资格：

a.参赛者不具备任何翻译经验，且不能提供相关证明材料；

b.参赛者不遵守比赛规定和要求，侵犯原作诗人或他人的著作权；

c.参赛作品并非参赛者独立完成的译文，系抄袭他人作品。

三、赛事能力与要求

诗歌翻译与普通文学或生活用语翻译相比具有一定的特殊性。首先，诗歌是一种富有节奏、音韵和韵律的文学形式，翻译时需要考虑如何保持原诗的音韵美和韵律感。这对译者来说是一项具有挑战性的任务，需要在保留意义的同时尽可能地保持原诗的节奏和格致。

其次，诗歌的形式和结构在不同的文化背景中可能有所不同。例如，某种语言的诗歌可能采用特定的押韵规则或节奏模式，而在另一种语言中可能没有类似的形式。因此，译者需要在保持原诗的意义和美感的基础上，灵活地调整诗歌的形式和结构。此外，诗歌通常具有强烈的象征性和隐喻性，需要通过文字的选择来传达深层意义。译者需要准确理解原诗的隐喻和象征，然后在目标语言中找到相应的表达方式，以确保译作能够传达原诗的意义和美感。

最后，诗歌翻译通常要求译者具备相当高的语言功底和创造力。诗歌的翻译涉及语言的美学和表现力，需要译者具备广泛的词汇选择、灵活的语言运用和良好的文化理解能力，以创造出与原诗相当的效果。

总之，诗歌翻译与普通文学翻译相比具有更高的艺术性和挑战性。译者需要在保持原诗的意义的基础上，注重诗歌在形式、节奏、音韵和隐喻等方面的表达，以呈现出独特的意境与韵律之美。

综上，波兰西里西亚大学诗歌翻译大赛赛事能力与要求如下。

1.基本能力要求：

（1）参赛资格：面向全世界的波兰语研习爱好者（包括在校学生及在职专业人士）。

（2）报名方式：参赛者需填写报名表并提交自主翻译的诗歌作品。

（3）语言要求：参赛者可选择将诗歌从波兰语翻译为其他任何语言（不限母语）。

（4）作品要求：参赛作品应是感性、富有表达力和诗意的，能够准确传达原作的情感和意境。

（5）翻译准确性：参赛者需保持对原作的忠实度，准确呈现原作的诗意和色彩。

（6）创意与流畅性：参赛者应在保持准确性的基础上，注重翻译的创造性和流畅性，以使诗歌更加通顺、优美。

（7）原创性：参赛者需确保翻译作品为自己的原创，不侵犯他人的版权。

（8）提交截止日期：参赛者需在规定的截止日期前提交翻译作品。

2.附加要求：

（1）参赛作品应尽量贴合原作风格，可以附带朗诵形式的视频并授予主办方发表权，以借助诗歌的语言和形式，引发更多观看者思考。

（2）参赛者不应拘泥于字面意思，可以运用抒情、叙事或其他诗歌常见的创作形式，以展现主旨和情感。

3.评选和奖励：

评审团将根据翻译的准确性、流畅性、创意性和表达力等指标来评估参赛作品，从中选出最具表现力的作品，并颁发证书、奖金或其他种类的奖品，位于波兰境内的获奖者还可参加现场颁奖仪式。

四、赛前准备与参赛步骤

参加该项比赛最重要的是热爱诗歌和翻译事业，并享受这个过程中的挑战和乐趣。翻译诗歌是一项艺术性和文学性很高的工作，要将原诗的意境、感情和美感准确地传达到另一种语言中，这绝非一日之功。故而，赛前准备是非常重要的，须知“博观而约取，厚积而薄发”。充分的储备和积累可以帮助译者更好地理解原诗的含义和目的，并为翻译过程提供指导。以下是笔者参加比赛前进行的一些准备工作。

1.学习波兰语基础知识

首先，了解一些波兰语的基本词汇、语法和句法结构是必要的。学习波兰语的发音规则和特点也有助于正确理解和翻译诗歌。其次，译者需要了解目标语言诗歌的特点和表现方式，以便在翻译过程中准确地传达原诗的美感和感情。最后，译者还需要了解目标文化的背景和审美价值观，以便在翻译时遵循相应的文化规范和习惯。

2.了解波兰文化和历史

深入了解波兰文化和历史有助于理解诗歌中的隐含意义和文化背景。可以通过阅读波兰文学、历史书籍或与波兰人交流来实现。

3.阅读和分析波兰诗歌

翻译波兰语诗歌之前，阅读和分析一些经典和现代的波兰诗歌非常重要。这样可以更好地理解诗歌的意义、风格和技巧，从而进行更准确和有灵感的翻译。译者需要多次阅读原诗，深入挖掘其中的意象、隐喻和词语的多义性。同时，译者还需要了解原诗的历史、文化和背景，以便更好地把握原诗的独特之处。

4.诗歌翻译练习

接触并熟悉目标语言的文学和诗歌翻译技巧，了解不同的翻译策略，如直译、意译、顺写、反写等，以便在翻译过程中做出更合适的选择。诗歌翻译是一门独特的艺术，需要译者运用各种手法来准确传达原诗的意境和美感。译者可以学习和掌握各种翻译技巧，如对仗、变韵、重音等，以及一些特殊的诗歌表现手法，如借物抒情、对景抒怀等。

参加波兰西里西亚大学诗歌翻译大赛在前期需要精心准备并付出一定的辛勤努力。要通过深入研究理解原作的内涵，合理运用诗歌翻译技巧，从而呈现出一篇优秀的诗歌翻译作品，促进波兰诗歌在目标国的传播交流，增进读者对相关作品的了解，推动其在世界范围内的传播交流。

5.寻找反馈和指导

多进行翻译实践练习并尝试翻译选定的诗歌作品，可以根据自己的理解和文学感知，运用适当的翻译技巧进行翻译。不断修改和精进译文，确保语言表达流畅准确。在超出自身能力时，可以将自己的翻译作品分享给波兰语母语人士或专业诗歌翻译家，并向他们寻求反馈和指导，汲取专业知识和经验，有助于改进翻译技巧和表达方式。

6.参加翻译讲座和交流会

尽可能参加一些关于波兰语诗歌翻译的讲座和会谈，这些活动可以提供更多的学习机会和交流平台。只有了解其中的文化、历史、背景等因素，才能更好地理解和传达诗歌的内涵。

7.审校和修改

请朋友或老师审校译文初稿，提供专业意见和建议，之后对译文进行反复修改和润饰，确保翻译的质量和准确性。诗歌翻译需要细致入微的体悟能力，尤其是在处理押韵、节奏和意象等诗歌特有元素时，保持专注和耐心是成功的关键。

通过赛前准备，译者对原诗有更深入的理解，熟悉目标语言和文化的特点，掌握诗歌翻译的技巧和策略。这些准备工作可以为翻译过程提供指导和支持，使译者能够更好地保留原诗的美感和感情，传达作者的意图，符合诗歌翻译的艺术性和文学性的要求。

此外，还需认真了解比赛要求，仔细阅读比赛规则，根据比赛要求对诗歌作品进行准确翻译，保证翻译诗歌能够有效传达原作的意境和情感。同时，了解比赛的主题、参赛资格、翻译语言等信息，在截止日期前按照比赛要求将译文提交给比赛组织方，在确保参赛作品符合格式要求后，尽早提交以避免不必要的延误。

五、参赛回顾与经验总结

以下是笔者作为参赛选手对本次参赛历程的回顾和经验总结：

翻译绝非仅仅是将一种语言转化为另一种语言的简单机械过程，而是一种对文化和情感的真挚传递，通过诗歌翻译，我感受到语言的无穷魅力和诗歌的力量。这次比赛激发了我对诗歌翻译的热情，指导教师在此过程中对我的鼓励及帮助也使我希望能够继续深入学习和探索这个领域。首先，在课堂上师长曾多次传递深入理解和准确把握原作主旨的重要性，因此在准备初期我花费了较多时间和精力揣摩原诗的意境和表达方式，经常反复审视翻译稿，尝试用更准确的词语来表达原诗的意旨，以期能在翻译时尽量还原出相同的情感和意义。例如，某一波兰语诗歌，若直译将会得出如下内容："滚烫的海洋随着心流淌——不可逾越的名誉的镀金。"这显然不符合汉语的表达习惯，因此应当调整为"炙热的海水在心中奔涌——只因那坚不可摧的金色荣耀"。

其次，诗歌翻译是一项高度艰巨的任务，诗歌语言的美感、韵律和押韵对翻译者来说都是巨大的挑战，而这项能力的培养与广泛阅读积累密不可分。在日常学习中我比较爱好课外阅读以培育自身的文学素养，对于品读鉴赏中波两国经典诗作更是有着浓厚的兴趣，因此在实际运用输出时感到获益良多。另外，我意识到翻译过程中的细节非常重要，在对稿件润色的过程中我还运用了一些翻译技巧，比如增译法、重组法、调整语序和合适的修辞手法，以确保译文能够保留原作的美感和艺术性。

最后，我发现与其他参赛者的交流是非常有益的。正所谓"独学而无友，则孤陋而寡闻"，在比赛期间，我参加了一些小型线上讨论会，与其他志同道合的人分享经验、讨论翻译技巧。这种合作和互动使我受益匪浅，在交流欣赏其他译文时，结合自己的不足之处深刻反思，可以获得有益的反馈和建议。在交流过程中，我不仅提高了翻译水平，还开阔了视野，也更加了解了诗歌翻译的多样性和挑战性。

捷克语讲好中国故事短视频大赛

杨杏初　谭茜[①]

摘要：捷克语讲好中国故事短视频大赛由中国驻捷克大使馆承办，以“讲好中国故事、传播好中国声音”为根本目的。该大赛基于短视频这一新的传播媒介，重视短视频在传播中国声音中的重要效能，以讲好中国故事为基本要求。本文以参赛者视角出发，详细介绍参加捷克语讲好中国故事短视频大赛的赛事背景、比赛流程、参赛准备、参赛步骤以及赛事能力要求。本文以详细备赛流程与赛后反思为参赛者提供新思考与备赛技巧，鼓励更多语言学子参与，以高质量语言服务构建好中国对外话语体系，向国际社会树立好中国形象。

关键词：学生赛事；捷克语讲好中国故事短视频大赛；国际传播

一、赛事简介

（一）赛事背景

2018年8月21日，习近平总书记在全国宣传思想工作会议上指出，展形象，就是要推进国际传播能力建设，讲好中国故事、传播好中国声音，向世界展现真实、立体、全面的中国，提高国家文化软实力和中华文化影响力。党的十八大以来，以习近平同志为核心的党中央高度重视构建中国话语、中国叙事体系和中国共产党国际形象的传播。在党的二十大报告中也指出，加快构建中国话语和中

① 杨杏初，四川外国语大学西方语言文化学院捷克语教师。谭茜，四川外国语大学西方语言文化学院捷克语专业在读本科生。

国叙事体系，讲好中国故事、传播好中国声音，展现可信、可爱、可敬的中国形象。

短视频作为一种新的媒介一定程度上承担了国际传播的效用。弘扬中华文化既是提升我国文化软实力与国际地位的重要任务，也是我国数字文化产业发展的重要方面。新媒体时代，具有去中心化、社交性、低门槛等特点的短视频新业态成为国际受众获取信息的重要方式。①从情感性的线索出发关切国际传播语境下的短视频，作为技术形式塑造新闻产品的情感逻辑，在此基础上归纳短视频国际新闻产品响应用户情感需求的语态更新、语态转化、语态升维。语态变革带来形态调适，启发国际传播“讲好中国故事”的效能提升。我国作为短视频媒介的国际引领者，要充分利用好这一新兴媒介形式，抓住这一媒介平台本身所具备的优势，短视频在当今国际新闻传播中的角色愈加重要，这与情感因素对其的深度介入密不可分。②

为进一步做好国际传播工作，讲好中国故事，对外展示真实、立体、全面的中国，2021年中国驻捷克大使馆面向国内各高校捷克语专业学生，征集相关主题短视频。参赛视频可以讲述自身学习生活的点点滴滴，讲述家乡的发展和特点，讲述中捷文化、生活差异、友好交流故事、捷克留学的体验或期待等。使用贴近捷克普通民众的语言，以小见大，体现中国发展成就、中华优秀文化、中国人民的幸福生活，展现可信、可爱、可敬的中国形象。

（二）赛事目的

1.文化交流与传播

短视频作为一种生动、直观的表现形式，能够灵活地展示我国的丰富文化和独特魅力。在全球化背景下，文化交流成为不可或缺的一部分。通过文化交流，两国人民可以更好地了解对方的国家和民族，消除误解，增进互信。通过举办捷

① 廖秉宜，张晓姚．中国文化短视频国际传播的创新路径 [J]. 对外传播，2023（07）:17-20.

② 何天平，蒋贤成．“共情”作为动力机制：国际传播视野下短视频新闻的语态变革与情感化策略 [J]. 中国出版，2023（12）:17-24.

克语讲好中国故事短视频大赛，不仅可以将中国的传统文化、现代发展、人文风情等各个方面展示给捷克人民，还可以借此机会推动中捷两国文化的交流。

2.语言学习

语言，作为人类文明的重要载体，发挥着沟通不同文化、促进国际交流的桥梁作用。在全球化背景下，对中国的捷克语学生来说，该比赛具有重要的现实意义。参加捷克语讲中国故事比赛有助于拓宽捷克语专业学生的国际视野，提升学生的语言能力和跨文化沟通能力。

3.跨文化意识

随着全球化进程的不断加速，跨文化沟通能力已逐渐成为现代人必备的一项技能。捷克语讲好中国故事短视频大赛有助于提高学生的跨文化沟通能力，培养跨文化沟通意识，让学生能够站在不同文化的角度去看待和理解问题。举办这场比赛的目的在于激发学生对跨文化交际的兴趣，并通过实践活动加深他们对中华文化的认识。

综上，捷克语讲好中国故事短视频大赛，是一项富有创意和实践意义的跨文化交流活动。它既有助于增进两国人民之间的了解和友谊，促进文化交流和语言学习，又能提升学生的跨文化素养，推动中华文化的全球传播。

二、比赛流程与赛制

该比赛分为校内选拔与校外选拔两个部分，不同选拔时期对参赛者有着不同的能力要求。

（一）校内选拔

捷克语讲好中国故事短视频大赛面向国内各高校捷克语专业学生开展，旨在征集相关主题短视频。参赛者需制作一条1—2分钟的精美短视频，作为赛事成果进行汇报与展示。该大赛由中国驻捷克大使馆发起，各高校负责老师负责收集整理本单位参赛作品。

在接到赛事通知后，各高校教师将赛事信息传达给捷克语专业的学生，并在校内选手中进行选拔，选出优胜者参加校外选拔。校内选拔将持续一个月左右，对于学生拍摄短视频的具体内容不做硬性规定。选拔过程中，重点评估短视频的中文、捷克语脚本以及参赛者的拍摄思路。故事脚本需要兼具叙事性和可读性，同时必须符合赛事主题。

校内选拔备赛流程包括如下内容：

1.故事选择

在校内选拔中，挑选具有代表性和吸引力的中国故事是至关重要的。参赛者需要具备创新思维和独特视角，从不同角度呈现中国故事，让观众感受到中国文化的魅力和深度。

（1）讲述在捷学习生活的点点滴滴。这可以包括学习经历、日常生活、兴趣爱好等。通过分享这些真实的生活片段，让捷克观众感受参赛者在捷克的学习生活、与当地人的交流、对捷克文化的感受等。通过这种方式，可以让观众了解到留学生活的不同之处，同时也能够展示出对捷克文化的喜爱和尊重，从而展示对中捷文化的理解和尊重，以及对两国友谊的珍视。

（2）介绍家乡发展和特点。参赛者可以从历史、地理、人文等多个角度来展示家乡的独特魅力。这样不仅可以传播中国文化，还可以让观众了解到中国各地的发展成就和民生改善。

（3）讲述中捷文化和生活差异。可以从饮食、习俗、节日等方面入手，展示两国文化的不同和相似之处。这样既可以增进捷克观众对中国文化的了解，也可以引发他们对文化差异的思考。

（4）讲述中捷友好交流的故事。参赛者分享参与的或者目睹的中捷友好活动，展示两国人民之间的友好往来和合作。这有助于传播中捷友谊，让观众了解两国之间的深厚历史渊源和合作关系。

这些故事可以是传统文化、历史事件、现代社会现象等，但必须具有亮点和特点，能够吸引观众的眼球。在选择拍摄脚本时，需要考虑如何将故事情节和主题融入视频中，并使其具有国际性思维。这意味着需要寻找捷克与中国两国文化的差异元素，并将其融入视频中，以展示中国文化的多样性和独特性。参赛者需要寻找自身与他人思路不一样的地方，并将其艺术化，作为个人视频内容的突出点。这需要参赛者具备创新思维和独特视角，从不同的角度呈现中国故事，让观众感受到中国文化的魅力和深度。在拍摄内容选择上，需要注重细节，让视频内容更加生动形象。

2.捷克语版脚本翻译

将选定的故事翻译成捷克语是一项考验综合能力的任务，对于捷克语语言学生尤为重要。在翻译过程中，参赛者必须确保语言的准确性和流畅性，同时尽可能保留原故事的文化内涵。这是因为文化背景对于理解故事情节和人物性格至关重要，直接影响观众的接受程度。因此，翻译人员需要具备深厚的语言功底和广泛的文化知识，以确保翻译的质量和准确性。

（1）扎实的捷克语语言基础。参赛者需要对捷克语的语言特点进行深入的学习和了解。捷克语，作为印欧语系斯拉夫语族的一员，其语法规则、词汇表达和发音特点都具有鲜明的民族特色。因此，掌握这些基本的语言特点，有助于参赛者在翻译过程中更加准确地传达原故事的含义。参赛者还需要熟悉捷克语的表达方式。与其他语言相比，捷克语在表达思想、情感和观点时，往往采用直接、简洁的方式。了解这一点，有助于参赛者在翻译过程中捕捉到作品中的细腻情感，还原作品的真实面貌。

（2）对捷克文化的深入了解。捷克文化丰富多样，其文学作品蕴含了深厚的文化内涵。例如，捷克文学巨匠卡夫卡的作品，就具有鲜明的象征意义，反映了当时社会现实和人类命运的困境。参赛者只有对捷克文化有足够的了解，才能在对中国故事的翻译过程中准确地诠释这些文化符号，让读者感受到中国作品的文化魅力，更好地把握故事的文化内涵，确保译文在捷克文化背景下得到恰当的表达。东西方文化背景的不同可能导致思维方式、价值观念和审美取向等方面的差异。处理具有中国特色的词汇和表达时，参赛者需要找到捷克文化中对应的表达方式，以确保译文既能传达原文的意义，又能符合捷克读者的阅读习惯。参赛者还要善于挖掘原文中可能存在的文化陷阱，以免引起捷克读者的误解。对于一些涉及历史事件或具有时代背景的表述，参赛者应适当加以注释，以便捷克读者更好地了解原文背景。

（3）捷克语翻译技巧。参赛者需要精确地传达原文的文字意义，还要充分考虑文化背景差异。为了让捷克读者能够在文化层面上更好地理解和接纳译文，参赛者应当深入了解捷克文化，并在翻译过程中做出相应调整。参赛者需要不断提高自己的翻译技巧，翻译不仅是语言的转换，更是文化的交流。参赛者在熟悉捷克语言和文化的基础上，还要学会运用恰当的翻译策略，如直译、意译、归化、异化等，以最大限度地传达故事的内涵。

当然，参赛者还需不断提高自己的中文表达能力，以确保中国故事的阐述与转化为捷克语的翻译质量，避免因文化差异而导致脚本故事性受损。

（二）校外选拔

校内选拔完成后，高校老师会对学生参赛作品进行指导。其指导主要分为内容修改和拍摄辅导两方面。校内选拔结束到送参赛作品至大使馆时长在一个月左右。在这一个月时间里，参赛者要经历将校内选拔时期文字版脚本创作为完整的短视频作品的备赛期。备赛结束后，将由各高校负责老师收集整理本单位参赛作品，所有参赛短视频将于规定时间前发送至中国驻捷克大使馆指定邮箱。

三、赛事能力与要求

1.语言能力

（1）捷克语语言基础。参赛者需要具备一定的捷克语基础，即能够熟练运用捷克语进行交流。此外，参赛者需要不断提高自己的语言准确性。

（2）中文表达能力。为了更好地讲述中国故事，参赛者需要具备扎实的中文表达能力。在赛事中，参赛者需要用捷克语讲述与中国文化、历史、民俗等相关的故事，因此，掌握中文表达至关重要。

（3）跨文化交际能力。参赛者需要具备一定的跨文化交际能力，了解中捷两国的文化差异，以便在比赛中更好地传达中国故事。此外，参赛者还需要掌握一定的中捷互译技巧，以便在比赛中准确地表达自己的观点。

2.故事创作能力

参赛视频的故事要求范围广，参赛者要想在比赛中脱颖而出，需要具备扎实的故事创作基本功。在此基础上，以“中国故事”为核心主题，紧紧围绕自身的生活经验和观察，构思出富含思想深度、艺术感染力以及趣味性的作品。在创作过程中，重视情节编排、角色塑造、氛围营造等关键环节，使作品具有较高的观赏性和吸引力。

3.短视频拍摄及制作能力

（1）拍摄技巧。参赛者需要掌握一定的拍摄技巧，如画面构图、光线控制、镜头运用等，以便在比赛中呈现出高质量的短视频。

（2）剪辑技巧。参赛者需要具备一定的视频剪辑技巧，包括素材筛选、音频处理、特效添加等。

（3）创意表现。参赛者需要具备独特的创意表现能力，通过短视频展示中国故事的魅力。

四、赛前准备与参赛步骤

（一）短视频拍摄

1.练习

参赛者拍摄时需要多次练习，确保视频的流畅性和生动性。在拍摄视频之前，参赛者需要对脚本进行反复地练习，熟悉台词和动作，预演整个视频的流程，检查场景布置、灯光、音效等。通过练习，参赛者可以及时发现并解决可能出现的问题，确保视频拍摄的顺利进行。同时，练习还可以让参赛者更好地理解角色的情感和背景，为表演增添更多的真实感。在练习过程中，参赛者需要注意细节。例如，台词的语气、语调，以及动作的协调性和自然性。同时，还需要关注视频的节奏和过渡，确保整个视频流畅、连贯。

2.故事讲述

故事讲述是短视频拍摄的核心。在拍摄短视频之前，需要明确目标受众是捷克人民。了解他们的兴趣、需求和行为习惯，参赛者才能更好地选择故事、背景和画面，从而制作出更符合他们认知的短视频。因此，在制作短视频时，参赛者需要选择一个有趣、引人入胜的有关中国的代表性故事，并通过简练、生动的语言将其呈现出来。需注意故事的节奏和情节的起伏，短视频不是单向的传播，应让观众在短时间内产生强烈的观看欲望。

（二）短视频制作

制作短视频是一项需要技巧和创意的任务，包括背景介绍、画面展示等多个方面。通过这些元素吸引观众的注意力，让他们对内容产生兴趣并持续关注。只有将这些元素巧妙地融合在一起，才能够制作出吸引观众注意力的优质短视频。

1.背景介绍

这是短视频制作中不可或缺的一部分。声音是短视频中非常重要的一个元素。需要选择合适的音效、背景音乐和旁白等，以增强视频的感染力和观看体验。通过背景介绍可以让捷克观众更好地了解所讲述的故事的背景和环境。这不仅有助于捷克观众更好地理解故事，还能够增加他们对故事的兴趣和关注度。在制作短视频时，参赛者需要选择与故事相关的背景，并通过画面、音效等手段将其呈现出来。

2.画面展示

一个好的画面能够让观众更加直观地了解所讲述的故事和背景。在制作短视频时，参赛者最好选择高质量的画面和合适的拍摄角度，并通过剪辑、特效等手段将其呈现出来。注意画面的节奏和过渡，让观众产生更好的视觉体验。

3.配音和配乐

为短视频配音，配以合适的背景音乐，增强故事的情感表达。配音和配乐是短视频制作中不可或缺的元素，能够增添情感和氛围，使故事更加生动和感人。

（三）短视频拍摄的设备与相关要求

1.摄影设备

最常用的设备主要有三种：手机、相机和摄像机。为了进一步提升拍摄效果，一些辅助设备必不可少。例如，手持云台可以有效提升画面的稳定性，自拍杆能方便地调整拍摄角度，手机自动旋转器能够实现自动旋转拍摄，补光灯可以改善拍摄环境的光线条件，镜头和支架能提供更稳定的拍摄基础。为了拍摄出更好的短视频作品，根据个人需求选择合适的设备对于拍出优质短视频作品是十分重要的。

2.拍摄画质要求

为了满足观众的阅览需求和后续剪辑的需求，拍摄者需要选择合适的画质。一般来说，如果拍摄的内容比较简单，没有太多的细节和场景变化，可以选择较低的画质，如720p。但如果拍摄的内容比较复杂，需要展现更多的细节和场景变化，就需要选择更高的画质，如1080p或4k。当然，高画质并不一定适用于所有情况。如果拍摄的内容本身质量不高或者场景比较简单，选择高画质可能导致画面过于清晰而暴露出一些缺点。因此，在选择画质时需要综合考虑内容、场景、观众需求等多个因素。

此外，为了确保拍摄的画质清晰，还需要注意以下几点：a.确保摄像机的镜头干净，没有污垢或划痕；b.调整摄像机的焦距，确保焦点清晰；c.避免过度使用推拉镜头或快速移动镜头，以免造成画面模糊；d.在光线充足的情况下拍摄，避免画面曝光过度或不足；e.如果需要拍摄动态画面，需要选择合适的帧率，以确保画面流畅。

五、参赛回顾与经验总结

目前，四川外国语大学在2021年有一次参赛经历，共三支队伍在校外选拔中进行角逐，并收获了不错的成绩（见表1）。

表1　三支队伍在校外选拔的获奖情况

参赛作品	重庆之景	甜蜜生活	Představení Terezy
奖项	优胜奖	创意奖	创意奖

（一）提供两国学生接触机会

中国驻捷克大使馆举办的文化活动让学生们深入了解了捷克的文化底蕴和民族风情。通过参加这些活动，不仅能够提升自己的跨文化交际能力，还能将中华文化传播给捷克朋友，增进两国人民的相互了解和友谊。

（二）提升专业素养和学术能力

此类比赛能够提高学生的专业素养和学术能力。学生们在活动中互相学习、交流心得，共享教育资源，为提高捷克语水平助力，缓解学习压力，丰富课余生活。

（三）建立良好的人际关系网

此类比赛有助于学生建立良好的人际关系网，结识来自不同领域的捷克或学习捷克语的朋友，为今后的学习提供便利。

（四）有利于个人未来发展

这些活动为在捷克的中国留学生提供了一个全面了解捷克的平台，提高了跨文化交际能力和中华文化传播能力。既促进了中捷两国之间的友谊与合作，也让学生们更加了解我国外交政策和对外关系，为在国际舞台上发挥作用打下坚实基础。

综上，捷克语专业学生应充分利用中国驻捷克大使馆提供的机会，积极参与各类捷克语相关比赛。作为参赛者在语言学习、文化交流、人际关系等方面将会受益匪浅，为未来的个人发展奠定坚实基础。同时，这个过程也是一次拓宽参赛者国际视野，深化两国友谊、促进文化交流的宝贵机会。

葡语国家宣传片创作比赛

杨敏　李国伟[①]

摘要：随着中国改革开放的不断深入，加强与世界的文化交流日益重要。葡语国家宣传片创作比赛是第十三届“中国—葡语国家文化周”的重要组成部分，对于中国和葡语国家之间的文化交流与互鉴有着特殊的意义。本文主要通过介绍由中葡论坛（澳门）常设秘书处与澳门理工学院联合举办的第十三届葡语国家宣传片创作比赛的赛事简介、比赛流程和参赛历程，旨在简明地厘清有关赛事的重点信息和参赛的主要步骤，力求帮助读者更好地了解整个大赛，分享参赛备赛的相关经验，以求更好地为中国和葡语国家之间的交流贡献绵薄之力。

关键词：中葡关系；葡语国家文化；宣传片创作；澳门

一、赛事简介

（一）大赛简介

葡语国家宣传片创作比赛，由中葡论坛（澳门）常设秘书处与澳门理工学院联合举办，是第十三届“中国—葡语国家文化周”的重要组成部分。“中国—葡语国家文化周”始办于2008年，是中国与葡语国家人文交流的重要活动之一。该赛事秉承“中国—葡语国家文化周”的主旨，期望以语言作为纽带，向中国及全球推广葡语国家的风俗历史和传统文化，进一步发挥澳门中葡平台作用，推进建

① 杨敏，四川外国语大学西方语言文化学院葡萄牙语教师。李国伟，四川外国语大学西方语言文化学院葡萄牙语2018级学生。

设中葡双语人才培养基地。2021年3月，葡语国家宣传片创作比赛发出“以影片记录生活，语言传播文化”的邀请，旨在向中国及全球推广葡语国家的风俗、历史及传统文化，吸引了海内外20余家高等院校、近180名中葡双语学生参赛。

（二）大赛组织框架

主办：中国—葡语国家经贸合作论坛、澳门理工学院葡语教学及研究中心。

（三）大赛主题

大赛理念：期望以语言作为纽带，向中国及全球推广葡语国家的风俗历史和传统文化，进一步发挥澳门中葡平台作用，推进建设中葡双语人才培养基地。

大赛目的：“中国—葡语国家文化周”及葡语国家宣传片创作比赛积极呼应中葡经贸合作，有效促进了中国与葡语国家和地区之间的人文交流和民心相通。中葡论坛（澳门）常设秘书处将继续为促进中葡文化交流积极探索新方式、拓展新渠道，进一步推动内地、澳门与葡语国家和地区开展更加深入和全面的交流和合作。

二、比赛流程与赛制

现将首届葡语国家宣传片创作比赛的比赛流程与赛制汇总如下，供读者参考。

（一）比赛赛程

2021年3月30日—7月14日：网上报名并提交作品；

2021年8月28日：公布入围奖名单（24位）;

2021年9月5日：公布获胜奖名单（8位）;

2021年9月6日—9月30日：选出“网上最受欢迎奖”（1位）;

2021年11月12日：举办葡语国家宣传片创作比赛颁奖仪式。

（二）赛程安排

本次大赛总体可以划分为四个阶段。

第一阶段，网上报名和自由创作阶段。本阶段在作品截止提交日期前，由各个高校的参赛队伍通过官网注册报名（用户名需与参赛队伍联络邮箱相同）或官方公众号自主报名，自行选择主题与创作形式，按时提交作品即可。

第二阶段，评委评选阶段。所有作品将按照所属的8个葡语国别分类，初赛阶段先由大赛评委会选出24个入围奖（每个国别3个），决赛阶段则由评委会选出各个国别的获胜奖（1个）。

第三阶段，网上评选阶段。本阶段为比赛的最后阶段，所有的获胜奖将统一发布到网络平台上，公开公平公正，让网民自由投票，选出最后的“网上最受欢迎奖”（1个）。

第四阶段，颁奖阶段。由中葡论坛（澳门）常设秘书处与澳门理工学院联合举办颁奖典礼，考虑到在当时疫情的特殊时期，采用线上线下相结合的方式，直播颁奖典礼。只有8组获胜奖（包括1组最受欢迎奖）参加最终颁奖仪式。

（三）奖项设置

本次大赛，设置入围奖24名，奖金3000澳门币；获胜奖8名，奖金11000澳门币；网上最受欢迎奖1名，奖金14000澳门币；各奖项获得者均可获得由中葡论坛（澳门）常设秘书处与澳门理工学院联合颁布的获奖证书。

三、赛事能力与要求

（一）参赛要求

葡语国家宣传片创作比赛向所有在中国内地、中国澳门及葡语国家就读高等院校的学生开放。比赛设有24项入围奖（各葡语国家主题最多3队），同时将在24队入围奖中评选产生8项获胜奖（各葡语国家主题1队）。另外，比赛设有1项“网上最受欢迎奖”，将从8项获胜奖中票选最受欢迎作品。各奖项获奖者均有一定现金奖励。

（二）作品要求

作品必须以视频形式呈现，时长3—5分钟（包括片头和片尾），使用语言可为汉语或者葡语任意之一，但要求配有汉葡双语字幕。视频作品要求分辨率1280×720p，MP4格式。作品可以纪录片、访谈、动画制作等形式呈现，具体不设限制。作品内容以介绍葡语国家的历史文化、人文风采、经济活动、自然地理等为中心，展示的具体内容和编排形式可自由发挥，以突出葡语国家的当地特色为佳，以体现中国和葡语国家之间的友好关系和密切联系为优。内容积极向上，风格力求多彩。

（三）综合要求

1.人文素养，世界胸怀

参赛选手需要对葡语对象国国情和文化有详细的了解，选取并拟定一个主题进行内容设计和拍摄。要求参赛选手对葡语国家的文化有深刻的理解，包括语言、风俗习惯、传统艺术等方面。这有助于提升参赛选手的人文素养，培养他们对多元文化的尊重和理解。比赛要求参赛选手在葡语中进行创作，有助于提高他们的语言表达能力。良好的语言表达能力对于传达文化信息和观点至关重要。

2.全球视野，文化自信

主题选择中，鼓励参赛选手将葡语国家的文化与其他文化进行对比，在对比后进行主题选取，展示他们对全球多元文化的认知。这有助于培养参赛选手的国际视野，使他们能够更好地适应全球化趋势，在展现葡语国家文化的同时对比我国文化，坚定文化自信，提高他们的跨文化交际能力。

3.创新能力，发散思维

参赛选手应以独特的视角看待和呈现葡语国家的文化、社会和历史，展现创新的思维方式，不拘泥于传统表达形式。鼓励参赛选手灵活运用各种多媒体技术，如影像、音效、动画等，以丰富宣传片的表现形式，体现对新技术的创新运用。参赛选手还应通过宣传片讲述引人入胜、新颖有趣的故事，突破传统叙事框架，展示对叙事艺术的创新理解和运用。

4.综合发展，复合人才

要求参赛选手综合发展，鼓励他们关注国际事务、多元文化，通过宣传片传达与其他文化的对话与交流。要求参赛选手关注社会问题，通过宣传片传递社会责任担当，同时体现对可持续发展理念的认同与实践。比赛以团队形式进行，鼓励参赛选手展现团队协作和领导能力，培养合作与沟通技能，使他们能够在集体中发挥协同效应。

（四）具体能力要求

1.专业知识根基牢固，丰富文化常识

参赛要求有汉葡双语字幕，因此要求参赛选手在葡语语言方面具有牢固的基础，包括语法、词汇、表达能力等，以确保宣传片的语言表达准确、流畅。强调参赛选手对葡语国家文化的深刻理解，包括历史、传统、艺术、文学等方面的知识，以使宣传片更富有文化内涵和深度。要求参赛选手了解葡语国家之间的地域差异和文化多样性，确保他们在创作中能够针对特定地域特色进行深入挖掘和呈现。

2.积累素材，扩充思路

通过研究目标葡语国家的历史、传统、风俗、艺术、音乐等方面，积累更多关于该国家的文化素材。了解目标国家当前的社会、政治、经济动态，以获取对当代社会问题的深入理解。搜集目标葡语国家的自然风光、著名地标、美丽风景，以呈现该国家的自然之美。了解目标国家的社会价值观念、文化特点，以更好地传达与观众相关的信息。了解目标国家的文学、电影、艺术等方面的成就，以融入更多的文学元素和艺术表达方式。

3.处理素材，协作共赢

参赛选手需对收集到的素材进行深刻理解，确保在宣传片中准确传递有关目标国家的信息。参赛选手要善于筛选、组织素材，确保选用的信息能够凸显国家的特色和优势。将素材融入独特而有趣的创意中，确保宣传片具有独特性和吸引力。整合不同类型的素材，如图像、视频、音乐，形成统一而生动的宣传片。处理素材时需保持对目标国家文化的尊重，避免可能引起误解或冒犯的内容。利用素材向观众传递目标国家的文化价值观，促使他们更深入地理解国家。

四、赛前准备与参赛步骤

（一）队伍配置

可以通过单人或者组队的形式参赛，参赛者须是中国内地、中国澳门及葡语国家的高等院校在读学生，每队最多由5名学生、1名指导教师组成，且须来自同一高校。每名参赛者仅限参加一支队伍。

（二）参赛步骤

通过官方网站或者微信公众号注册报名，提交队伍信息、参赛作品，并在官方平台上等待赛事进程、获奖和颁奖通知。

（三）报名信息

每支队伍在注册报名之时，需要上传学生证或者在读证明的照片或者电子扫描版PDF，填写基本信息和收件邮箱，提交之后会由官方发送邮件告知参赛编号和确认信息。

（四）作品信息

每支队伍在提交作品之时，需要以两种方式之一线上交片。

方法1：上传YouTube，以不公开列出的方式发布，生成影片链接。

方法2：上传百度网盘，有效期设置为“永久有效”，提取码分享并生成影片链接及提取码。

线上提交参赛影片链接——YouTube或百度（用百度网盘上传的队伍需要提供影片提取码）。

每队一篇针对拍摄作品的简介，阐述创作理念或灵感，表明拍摄思路及核心主旨，不少于300字，以中文及葡文双语形式展现。

作品剧照一张、队员合照一张。

（五）赛前准备

1.明确参赛队伍和作品主题。参赛队伍人数最多为5人，指导教师最多1人，且须为同校人员。

2.明确拍摄宣传片所需要素组成和人员分工。在组建队伍之初，最好明确导演、编剧、摄像、演员、后期五大职能的核心人员，可根据实际情况再分配具体工作和确定参赛人数。

在选定作品主题方面，笔者认为，最合适的思路是从参赛选手自身的兴趣点着手，再结合葡语国家的自身特色，以敲定最终的呈现主题。我校队伍选定的主题是“巴西咖啡”，原因有三：其一，因为小组成员对巴西经济发展史有一定的兴趣，而咖啡在巴西的经济作物中具有极大的代表性和独特的历史意义；其二，咖啡作为当今世界的主要提神饮品，无论在知名度还是在普及度上，都比巴西其他经济作物更有传播性和说服力；其三，在日常生活里，巴西咖啡也是一些咖啡爱好者的追捧之物，本身的品质有着很高的可靠性，介绍巴西咖啡也是把好的产品进一步推广，让其为更多人所知，更容易收获观众的信任与认可。

完成上述要事之后，便是在官网上报名，提交基本的参赛队伍信息，主要是学生和指导教师的高校身份证明（学生证/教师证），以获得相应的参赛队伍编号。

（六）赛中活动

拍摄一个好的宣传片作品，剧本、场地、设备、演员和后期都十分重要。在拍摄场地方面，笔者建议采用就近原则，以自身所在的校园为大背景，截取普通日常的校园生活场景，不仅能增添宣传片的真实性，也有利于挖掘母校潜在的美，扩大对母校的宣传和影响力，让作品真实、质朴而不失巧思。

在演员方面，笔者认为，可以选择葡语口语水平较好的选手作为出镜演员，流利的台词表达和拿捏到位的情感语气，可以为作品增光添彩。同时，负责后期处理和剪辑的队友也是极为重要的，应当根据各个选手的特长，挖掘出对视频处理或者视频美学有研究、有兴趣的成员，从而让整个作品的剪辑、配乐、特效等处理有一个完美的闭环。

在此期间，小组成员应与指导教师保持密切的联系，让有经验的老师指导和把控整个作品的走向和脉络，避免作品主题表达不清或者核心思想走偏。

（七）评委评奖环节

在整个比赛过程中，应时刻谨记两个重要的时间节点：提交作品的截止日期和参赛作品的评选结果公布日期。在自身作品最终完成并定型后，应当及时提交作品至官网，注意作品上传的正确方式。本次大赛由中葡论坛（澳门）常设秘书处与澳门理工学院联合举办，作品的接收方式主要有两种：YouTube或百度网盘的链接。且要注意，若是通过百度网盘上传，应填写对应的链接提取码。本环节还应提交作品剧照一张、队员合照一张以及作品简介一份。

作品简介最为重要，要求不得少于300字，且为中文及葡文对照版本。作品简介是表达和阐释作品主题及创作理念的重要文本，参赛者应当在简介中用尽可能明确清晰的语言，说明自己为什么要拍摄这个作品，这个作品主要在讲什么，这个作品有什么意义，或者说，希望给观看者带来什么样的信息和价值。只有表述清楚这几个问题，才有可能让大赛评委清晰地明白参赛者的创作意图和作品价值，从而加深对作品的理解。

在这个环节，参赛队伍只需提交所有的作品及相关信息，然后等待大赛评审委员会公布入围比赛和最终获胜的结果即可。在此期间，分为两个小阶段：大赛会在所有作品中按照8个葡语国别，每个赛道筛选出3个，共计24个入围奖；然后，会再次评审并确定每个国别各自的获胜奖1个。这个时期，笔者认为，最好的状态就是放松心态，相信自己用心付出的作品不会蒙尘，即使最终结果不如人意，也应总结经验，充分体会整个参赛过程中的经历与收获。

（八）网选评奖环节

本届大赛在评审颁布8个最终获胜奖后，还有一个特设的加赛环节，网上投票选出“网上最受欢迎奖”1个，投票日期由2021年9月6日至30日。

投票流程如下：

（1）输入投票者的邮箱地址（系统会把6位数的验证码发送至投票者的电子邮箱）（注：为避免滥用投票情况，仅可使用一个电邮地址作投票之用）；

（2）输入6位数的验证码；

（3）投票者可观看各参赛的作品视频，并选择要投票支持的队伍；

（4）投票。

本环节将角逐出最后的奖项，主要依靠作品本身的人气和网民的票选支持以确定最后的胜者。

五、参赛回顾与经验总结

回顾整个赛事，最核心的两个方面是作品的主题选定和作品的创作完成。在作品的主题选定方面，要求参赛选手有着良好的人文素养和开阔的国际视野。一方面，需要选手在日常学习及生活中，主动了解和积累有关葡语国家历史文化、自然地理、社会经济等方面的知识；另一方面，随着中国的开放程度越来越高，必定会跟国外有更多的交流，这就意味着要逐步培养起“立足中国、放眼世界”的国际视野，以更开放包容的胸怀去学习和接纳其他文化的优良之处。

在作品的创作完成方面，要求参赛选手有明确的时间观念和高效的协作配合。一方面，参赛者尤其是队长，必须牢记报名截止日期、作品提交截止日期、比赛获奖情况公布日期等主要的时间节点，以确保自身的参赛作品有机有序、有条不紊地完成并上传，避免费心费力却因误期提交而错失比赛机会；另一方面，小组内部的协调合作至关重要，明确组内各成员的分工职责和各部分任务的完成节点，及时沟通、通力合作，有助于作品更好地完成乃至优化，是获取胜利不可或缺的因素。

最终，笔者所带领的队伍获得巴西组获胜奖（即巴西组决赛第一）。

此外，在评选过程中，发生了一起特殊情况，我们也应该在类似赛事的准备与参加过程中总结经验，取长补短。入围决赛的其中一组选手因为拍摄素材涉及侵权问题而导致入围作品无法继续参加评选。

在参加类似赛事过程中，应当注意：首先，视频素材选取不可来自商用素材。其次，截取的镜头不可附带任何广告和标识。最后，如果一定要使用非团队小组制作的素材，必须要保证素材原创性和版权性。否则，辛苦设计和制作出的视频很容易因为侵权等问题被取消参赛资格。

中国与中东欧国家青年人文知识竞赛

王琳　雷蕊临[①]

摘要：中国与中东欧国家青年人文知识竞赛是一项旨在进一步增进中国与中东欧国家青年对彼此国情的认知与理解，加强中国与中东欧地区各国的人文交流的赛事。该大赛通过知识竞赛的形式，引导青年增进对中东欧国家历史、文化、经济和社会发展的认识，为推动构建人类命运共同体贡献青春力量。同时，决赛的演讲环节也有利于提高学生的综合素养，通过学生的角度进一步宣传中东欧国家的文化，加深中国与中东欧国家青年的交往。通过竞赛，不仅增进了青年对中东欧国家的了解，也促进了他们之间的交流与合作，为未来的国际人文交流奠定基础。

关键词：文化交流；匈牙利；知识竞赛；综合素质

一、赛事简介

中国与中东欧国家之间的友好关系源远流长，双方在经贸、文化、教育等领域有着广泛的合作。为了加强中国与中东欧国家青年之间的交流，增进相互了解和友谊，推动中国与中东欧国家之间的友好合作，中国外交部决定举办中国与中东欧国家青年人文知识竞赛。同时，2019年是“中国—中东欧国家教育、青年交流年”，举办中国与中东欧国家青年人文知识竞赛有利于进一步贯彻落实第八次中国—中东欧国家领导人会晤精神，突出16+1教育、青年合作的主题和影响力，

① 王琳，四川外国语大学西方语言文化学院匈牙利语教师。雷蕊临，四川外国语大学西方语言文化学院匈牙利语专业 2020 级学生。

增进中国与中东欧国家青年对彼此国情的认知和理解，加强中国与中东欧地区各国的人文交流。

中国与中东欧国家青年人文知识竞赛是由教育部国际合作与交流司主办、教育部中外人文交流中心承办、外语教学与研究出版社协办的一项青年人文知识竞赛活动。该活动旨在加强中国与中东欧国家青年之间的交流与合作，促进相互了解和友谊。该竞赛计划每年举办一次，参赛对象为中国或中东欧国家的大学、中学等教育机构的学生和青年教师，竞赛内容涵盖中东欧国家的政治、经济、文化、历史、社会等方面。该竞赛得到了中东欧国家相关专业以及机构的积极响应和参与，已成为中国与中东欧国家人文交流领域的一项重要活动。

2019年中国与中东欧国家青年人文知识竞赛旨在进一步增进中国与中东欧国家青年对彼此国情的认知与理解，加强中国与中东欧地区各国的人文交流。2019年中国与中东欧国家青年人文知识竞赛于5月启动，共有来自捷克、匈牙利、克罗地亚、波兰、罗马尼亚等9个国家的在华留学生，以及来自全国20个省、自治区、直辖市50余所高校的360余名大学生在线报名参赛。最终，来自全国7所高校的12名中外选手进入决赛。参赛者来自不同领域、不同年龄段，通过比赛增进彼此的了解，进而加深中国与中东欧国家的交往。

比赛采用线上与线下相结合的方式进行。初赛阶段，选手们通过线上形式参与答题，试题涵盖中国与中东欧国家的人文知识，包括历史、文化、艺术、社会等多个领域。这种线上答题的形式，既保证了比赛的公平性和公正性，又方便了选手们的参与。进入复赛后，比赛形式更加丰富多样。选手们需要在线提交一段演讲视频，主题为“我眼中的中国”或“我眼中的中东欧国家”。这种演讲形式不仅考验选手的表达能力，更要求他们对中国与中东欧国家的文化有深入的理解和独特的见解。此外，复赛还鼓励选手提交才艺展示视频，以展示他们的多元才能。决赛形式更加紧张和激烈，分为上下午两个半场，上午为知识竞答，考查选手对中国与中东欧国家人文知识的了解和熟悉程度，并有专家点评，讲解和挖掘知识点背后的内涵和故事；下午为演讲比赛，选手以“我眼中的中国”或“我眼中的中东欧国家”为题，讲述中国与中东欧国家青年人文交流的故事。

中国与中东欧国家青年人文知识竞赛形式丰富，知识竞赛以及演讲的模式有助于提高参赛者的人文素养，增加对中东欧国家文化知识的了解，演讲模式则有助于提高学生的表达能力。同时，由于参赛选手来自多个国家，该竞赛也是提升参赛者跨文化交流能力，增进中国与中东欧国家青年之间的相互了解和友谊的有效平台。竞赛通过演讲的方式从参赛者的视角讲述中国与中东欧国家青年人文交流的故事，对进一步推动中国与中东欧国家之间的友好合作有所助力，为双方在经贸、文化、教育等领域的发展注入新的动力。2019年举办的中国与中东欧国家青年人文知识竞赛以“教育改变世界，青年创造未来”为主题，强调了青年教育在未来中国与中东欧国家关系发展的重要性，为拓宽青年国际视野、促进国内外青年交流提供了平台。

二、比赛流程与赛制

中国与中东欧国家青年人文知识竞赛，作为一项促进青年交流、增进文化理解的国际性赛事，自举办以来便备受瞩目。该赛事不仅考验选手的人文知识储备，更是对选手综合素质和能力的全面展示。通过比赛，不同文化背景下的青年能够相互学习、相互借鉴，增进彼此之间的了解和友谊。现将流程与赛制介绍如下，以便参赛选手和关注者更好地了解赛事的运作方式和要求。

1.报名阶段

比赛流程首先从报名与资格审核开始。组委会在官方网站或指定渠道发布比赛通知，明确报名截止日期、参赛资格以及所需提交的材料。各国青年可通过学校、社团或个人名义进行报名。报名者需提交个人信息、学历证明、相关人文知识领域的成就或经历等材料。组委会对报名者进行资格审核，确保参赛者具备相应的背景和能力，确保比赛的公平性和专业性。

2.初赛阶段

通过资格审核的选手将进入初赛阶段。初赛通常采用线上形式进行，试题涵盖中国与中东欧国家的人文知识，包括历史、文化、艺术、社会等多个领域。试题类型丰富多样，旨在全面检验选手的知识储备和理解能力。试题题库将于初赛开始前在赛事平台公布，并提供标准答案，供参赛者答题前学习参阅。试题随机生成，内容为中国和中东欧地区国家的人文知识，共50道，题型为选择题和判断题，以中英双语呈现，限时20分钟作答。每名选手有三次答题机会，以其中最高分数为评判标准，分数相同时，答题时间较短者优先。根据初赛排名，选择50名选手进入复赛。

3.复赛阶段

组委会7月将在赛事平台上发布复赛选手名单和复赛通知，并通知进入复赛的选手，请于8月前在线提交一段2—3分钟的演讲视频，主题为“我眼中的中国”或“我眼中的中东欧国家”，中英文均可。组委会将组织专家对视频进行评审。初赛与复赛分数相加，选出12名选手进入决赛。另外，鼓励复赛选手提交不超过5分钟的才艺展示视频。在初赛、复赛综合分数排名相同的情况下，提交才艺视频者优先，并视情况安排在决赛阶段相应环节展示。

4.决赛

决赛于9月中下旬在北京举办，具体日期和地点在赛事平台上发布。决赛由知识竞答、现场演讲两个环节组成。

知识竞答环节分为必答题、抢答题和风险题，题库以初赛题库为基础。

必答题：进行2轮，每轮每位选手依次回答1道题，每道题作答时间为10秒，选手须在10秒钟之内回答完毕。答对加10分，答错或不答不计分。

抢答题：共24道，在听到提示音后进行抢答，抢到答题权的选手作答。当第1位选手回答错误时，进行第2轮抢答，每道题最多进行两轮抢答。每题作答时间为10秒，选手须在10秒钟之内回答完毕。答对加10分，答错或不答不计分。

风险题：共18道，分为10分题、20分题和30分题，每个分值各6道题。听到提示音后进行抢答，抢到答题权的选手选择题号进行答题，题号内有相应分值和题目。10分题和20分题作答时间为10秒，30分题作答时间为15秒。答对加相应分值，答错或不答不计分。

现场演讲环节：演讲主题为“我眼中的中国”或“我眼中的中东欧国家”，

题目自拟，演讲时长不超过5分钟，可使用中文或英文。每位选手演讲结束后评委对该选手进行点评，时长约为1分钟。所有选手演讲结束后公布该环节各选手的得分。

评分方式：以每位选手知识竞答环节分数的40%和现场演讲环节分数的60%相加得到的排名为依据，由高到低产生决赛获奖名单。

5.评委与评分标准

为了确保比赛的专业性和权威性，组委会将邀请具有丰富经验和专业知识的评委参与比赛评分。评委将根据比赛要求和评分标准对选手的表现进行客观评价。评分标准包括知识储备、思维能力、表达能力等多个方面，以确保评分的全面性和公正性。

6.奖项设置与颁发

比赛设有多个奖项，以表彰在各个环节中表现优秀的选手。根据成绩排名，共设有一等奖1名、二等奖2名、三等奖3名。此外，还设有优秀奖、最佳人气奖以及特别表现奖。这些奖项的设立旨在鼓励选手在比赛中充分展示自己的特长和优势。同时，获奖选手将在颁奖典礼上接受表彰和奖励，以肯定他们的努力和成绩。本次活动不向中外学生收取任何费用。

同时，为了更好地鼓励各个高校参与到竞赛之中，本次比赛还设有优秀组织奖，对积极参与竞赛的高校进行表彰。

三、赛事能力与要求

中国与中东欧国家青年人文知识竞赛是一项旨在加强不同文化背景青年之间交流的赛事。作为参赛选手，不仅需要具备扎实的专业知识，还需拥有出色的综合能力。本文从知识储备、语言沟通、逻辑思维、跨文化理解以及心理素质方面，详细阐述中国与中东欧国家青年人文知识竞赛对参赛选手的能力与要求。

1.知识储备与学习能力

参赛选手需要具备丰富的人文知识储备，包括中国与中东欧国家的历史、文化、艺术、社会等。选手需要能够熟练掌握相关知识，并灵活运用。此外，随着时代的发展，人文知识也在不断更新与丰富，因此选手还需具备强大的学习能力，能够迅速吸收新知识，不断完善自己的知识体系。

在知识储备方面，选手需要关注中国与中东欧国家的历史渊源、文化特色以及社会发展等内容。他们需要了解这些国家在不同历史时期的重大事件、文化成就以及社会变革，以便在竞赛中能够准确回答问题、阐述观点。

2.语言沟通与表达能力

由于参赛选手来自不同的国家和地区，语言沟通与表达能力是竞赛不可或缺的要求。首先，选手需要能够用流利的语言进行表达和交流，确保在竞赛中清晰、准确地传达自己的思想和观点。其次，选手需要具备良好的听说读写能力。选手不仅需要能够听懂并回答评委的问题，还需要能够用流畅的语言进行自我介绍、阐述观点以及参与辩论等。此外，选手还需要注意语言表达的准确性和规范性，避免出现语法错误或用词不当等情况。

同时，竞赛中的演讲环节也要求参赛者能够使用中文或者英文围绕“我眼中的中国”或“我眼中的中东欧国家”进行主题演讲，参赛者需要根据自身的经历，提前进行演讲稿的构思，在现场流畅地进行演讲，甚至与现场观众进行互动。

3.逻辑思维与应变能力

人文知识竞赛往往涉及复杂的问题和多样的观点，选手需要具备强大的逻辑思维能力，能够分析问题、推理判断并得出结论。同时，由于竞赛中可能会出现意外情况或突发问题，选手还需要具备应变能力，迅速调整策略、应对挑战。

在逻辑思维方面，选手需要运用归纳、演绎等方法对问题进行深入剖析和推理。选手需要从多个角度思考问题，发现问题的本质和关键点，并提出合理的解决方案。同时，选手还需要具备批判性思维，能够对不同的观点进行客观分析和评价。

在应变能力方面，选手需要保持冷静和自信，面对突发情况能够迅速作出反应，根据实际情况灵活调整策略，寻求最佳解决方案。这种能力在竞赛中尤为重要，因为竞赛环境往往充满不确定性，需要选手具备强大的心理素质和应变能力。

4.跨文化理解与尊重

作为一项国际性的文化交流活动，中国与中东欧国家青年人文知识竞赛要求参赛选手具备跨文化理解与尊重的素养。选手需要尊重不同文化背景下的观点和习惯，理解并接纳文化的多样性。在竞赛中，选手可能会遇到与自己文化观念不同的情况，需要保持开放的心态，进行包容性的交流。

为了提升跨文化理解与尊重的能力，选手可以通过阅读相关书籍、观看纪录片等方式了解不同国家的文化特色和历史背景。此外，还可以积极参与国际交流活动，与来自不同国家的青年进行面对面交流，增进彼此的了解和友谊。

5.心理素质与抗压能力

竞赛过程往往紧张而激烈，对选手的心理素质提出了更高的要求。选手需要具备良好的抗压能力，能够在紧张的氛围中保持冷静、自信，并发挥出自己的最佳水平。同时，还需要具备坚韧不拔的毅力，面对挫折和困难时不轻言放弃。

为了提升心理素质和抗压能力，选手可以通过参加模拟竞赛、进行心理训练等方式进行锻炼。此外，还可以学习一些放松技巧，如深呼吸、冥想等，以缓解紧张情绪并保持冷静思考。

参与中国与中东欧国家青年人文知识竞赛的选手需要具备全面的能力与素质。通过不断的学习和实践，可以不断提升自己的竞争力，为在国际舞台上展现中国青年的风采作出贡献。同时，这种赛事也为不同文化背景下的青年提供了一个交流与理解的平台，有助于推动各国之间的友好合作与共同发展。

四、赛前准备与参赛步骤

中国与中东欧国家青年人文知识竞赛是一项重要的文化交流活动，对于促进中国与中东欧国家青年之间的了解和友谊具有重要意义。为了确保比赛的顺利进行和达到预期效果，参赛者需要充分了解比赛规则和要求，制订详细的学习计划，收集相关资料和信息，并进行模拟练习。同时，参赛者还需要按照规定的步骤参加初赛、复赛和决赛，展示自己的综合素质和能力。

（一）赛前准备

1.了解比赛规则和要求

在参加中国与中东欧国家青年人文知识竞赛之前，参赛者需要充分了解比赛的规则和要求，包括比赛形式、评分标准、时间安排、注意事项等。通过了解比赛规则和要求，参赛者可以更好地准备比赛，并确保在比赛中遵守规定。

2.制订学习计划

为了在比赛中取得好成绩，参赛者需要制订详细的学习计划，包括确定学习目标、选择学习内容、安排学习时间等。参赛者可以根据自己的实际情况和比赛要求，制订适合自己的学习计划，确保在比赛前充分掌握所需的知识。

3.收集资料和信息

在准备比赛的过程中，参赛者需要收集相关的资料和信息，包括中国和中东欧国家的历史、文化、政治、经济等方面的资料、书籍、文章、图片等。通过收集资料和信息，参赛者可以更全面地了解中国和中东欧国家的人文知识，为比赛做好准备。

4.模拟练习

在比赛前，参赛者可以进行模拟练习，以提高自己的答题速度和准确性。模拟练习可以选择一些模拟试题或历年真题进行练习，通过反复练习，熟悉比赛形式和答题技巧，提高自己的应试能力。

（二）参赛步骤

在做足赛前准备之后，参赛者可以按照以下的步骤进行参赛：

1.报名参加比赛

参赛者需要按照比赛通知的要求，填写报名表并提交相关证明材料。报名成功后，参赛者将获得参赛资格，并获得比赛的相关信息和资料。

2.参加初赛

初赛通常采用在线答题的形式进行。参赛者需要在规定的时间内完成答题，每名选手有三次答题机会，以其中最高分数为评判标准。根据初赛排名，选择优秀的选手进入复赛。

3.参加复赛

复赛通常采用演讲视频的形式进行。参赛者需要在线提交一段2—3分钟的演讲视频，主题为“我眼中的中国”或“我眼中的中东欧国家”，中英文表达均可。组委会将组织专家对视频进行评选，并综合考虑初赛与复赛的分数，推选出优秀的选手参加决赛。

4.参加决赛

决赛通常采用现场比赛的形式进行。参赛者需要现场进行演讲和答辩，展示自己的综合素质和能力。组委会将根据选手的表现和成绩，评选出优胜者并给予奖励。同时，组委会还会组织文化交流活动，让选手们更深入地了解中国和中东欧国家的文化。

五、参赛回顾与经验总结

四川外国语大学2017级匈牙利语专业肖博文同学参加了2019年中国与中东欧国家青年人文知识竞赛，以总分排名第七的成绩获得优秀奖。同时，我校也荣获优秀组织奖。这次竞赛不仅是对我校学生知识储备的一次考验，更是对跨文化交流能力的一次锻炼。在此，肖博文同学对参赛历程进行了回顾，并分享了一些宝贵的经验。

（一）参赛历程回顾

备赛阶段：备赛过程中，肖博文同学深入研究了中东欧国家的历史、文化、艺术、科技等多个领域的知识。在此过程中，不仅对匈牙利的了解更加深入，对其他中东欧国家的了解也越来越多。

竞赛现场：竞赛当天，来自不同国家的青年选手齐聚一堂，气氛紧张而激烈。比赛分为多个环节，知识竞赛的过程中不仅通过问答获取到更多的国情知识，还通过现场评委老师的补充讲解，了解到其背后深层次的故事。在比赛过程中，肖博文同学深刻感受到中东欧国家文化的魅力，也体会到跨文化交流的乐趣。

交流与互动：除了竞赛环节，肖博文同学在比赛之余还多次与其他中东欧国家的青年进行沟通，分享彼此的文化和经验。通过这些交流，更加深刻地认识到文化的多样性，拓宽了视野。

（二）经验总结

重视知识储备：人文知识竞赛需要扎实的知识储备。因此，在备赛过程中要注重对中东欧国家文化的全面了解，不仅要掌握基本的历史、文化常识，还要关注其最新的发展动态。

提升跨文化交流能力：在竞赛中，跨文化交流能力同样重要。要学会尊重并理解不同文化背景下的观点和习惯，以开放的心态进行交流与合作。通过比赛，参赛者不仅可以学到很多知识，也可以结交志同道合的朋友。

提升语言表达能力：在竞赛中，演讲的分数占比较高，因此个人的语言表达能力至关重要。在进行现场演讲之前，参赛者可以学习一些演讲技巧，多多打磨个人的演讲稿，反复练习，做到烂熟于心。

保持积极心态：竞赛过程中难免会遇到困难和挑战，要保持积极的心态，相信自己能够克服困难并取得好成绩。同时，还要学会从失败中吸取教训，不断提升自己。

通过这次竞赛，肖博文同学不仅增长了知识，还收获了友谊和成长。未来，他将继续努力学习和积累经验，为中国的跨文化交流事业贡献自己的力量。

作为参与过中国与中东欧国家青年人文知识竞赛的选手以及指导教师，笔者认为该竞赛不仅是对参赛者个人知识和能力的挑战，更是对跨文化交流和理解的一次深刻体验。出于对这项竞赛未来的期待和展望，笔者试对该竞赛提出以下展望：

1.深化文化交流，促进民心相通

中国与中东欧国家青年人文知识竞赛作为一个文化交流的平台，在促进不同文化间的相互理解和尊重方面发挥了重要作用。在未来的竞赛中，期待看到更多的文化元素被融入其中，通过丰富多彩的活动形式，让参赛选手和观众能够更加深入地了解中东欧国家的历史、文化、艺术和社会风貌。这不仅可以增进中国人民对中东欧国家的认识，也有助于推动双方之间的友好交往与合作。

同时，随着全球化的深入发展，跨文化交流已经成为一种必然趋势。通过人文知识竞赛这一形式，可以为青年一代搭建一个展示自我、交流思想的平台，让他们在互动中增进友谊、拓宽视野，为未来的国际合作打下坚实的基础。

2.提升竞赛水平，打造国际品牌

在未来的发展中，期望中国与中东欧国家青年人文知识竞赛能够不断提升竞赛水平，成为具有国际影响力的品牌赛事。这需要在多个方面进行努力。首先，需要优化竞赛流程，确保比赛环节的公平、公正和公开；其次，可以邀请更多领域的专家学者担任评委，提高竞赛的专业性和权威性；最后，可以加强与国际同类赛事的交流与合作，借鉴先进经验，不断提升竞赛的国际化水平。

同时，随着参赛国家和选手数量的增加，竞赛的规模和影响力也将不断扩大。这有助于吸引更多优秀的青年人才参与进来，共同推动人文交流事业的发展。通过打造国际品牌赛事，可以让更多的人了解并关注中国与中东欧国家的友好关系，为双方的合作发展注入新的活力。

3.培养青年人才，助力未来发展

青年是国家的未来和希望，也是推动人文交流事业发展的重要力量。通过参与人文知识竞赛，青年一代可以锻炼自己的知识储备、思维能力和跨文化交流能力，为未来的国际合作做好准备。因此，我期望未来的竞赛能够更加注重对青年人才的培养和选拔。

一方面，可以通过设置更加丰富的奖项和激励措施，鼓励更多的青年人才参与竞赛；另一方面，可以加强选手的培训和指导，帮助他们更好地了解竞赛规则和流程，提高竞赛成绩。此外，还可以组织选手之间的交流活动和学术研讨，让他们在互动中相互学习、共同进步。

通过培养青年人才，可以为未来的国际合作储备更多的人才资源。这些青年人才将成为推动中国与中东欧国家友好关系发展的重要力量，为双方的合作发展注入新的动力。

4.拓展合作领域，推动人文交流全面发展

人文交流是一个广泛而复杂的领域，涵盖了文化、教育、科技、旅游等多个方面。在未来的中国与中东欧国家青年人文知识竞赛中，期望看到更多的合作领域被拓展和深化。

在文化领域，可以加强双方之间的艺术交流、文化遗产保护等方面的合作；在教育领域，可以推动双方高校之间的合作与交流，共同培养具有国际视野的人才；在科技领域，可以加强双方在科技创新、技术研发等方面的合作，共同推动科技进步；在旅游领域，可以加强旅游资源的开发与合作，推动双方之间的旅游往来。

通过拓展合作领域，可以让人文交流更加全面、深入地发展，为双方的合作发展注入更多的活力和动力。同时，这也有助于增进中国人民与中东欧国家人民之间的友谊和相互理解，为构建人类命运共同体贡献力量。

“外研社·国才杯”国际传播力短视频大赛

秦昕婕　李千寻[①]

摘要：本文介绍了四川外国语大学意大利语师生参与2023“外研社·国才杯”国际传播力短视频大赛意大利语赛道的经历。赛事由外语教学与研究出版社主办，旨在鼓励大学生通过自媒体平台，用外语生动地讲述个人及周围的故事，传播中国文化，展现中国故事的世界意义。文章详细描述了比赛的背景和目的，及其在两年内的发展状况。本届比赛的主题是“中国人物”，鼓励选手讲述激励人心的中国人物事迹。文中还介绍了比赛的流程和赛制，以及参赛选手的能力与要求。最后，文章呼吁广大重庆市高校学生积极参赛，以赛为媒，展示真实、立体、全面的中国，为推动中外交流作出贡献。

关键词：国才杯；中国人物；陈年喜；矿工诗人；意大利语

一、赛事简介

在世界格局加速演变的进程中，我国正以积极主动的姿态深度参与全球治理，发挥大国作用，体现大国担当。立足中华民族伟大复兴战略全局和世界百年未有之大变局，党和国家对我国外语教育改革与人才培养提出了新的要求。

2021年5月，习近平总书记在中共中央政治局第三十次集体学习时强调，讲好中国故事，传播好中国声音，展示真实、立体、全面的中国，是加强我国国际传播能力建设的重要任务。外语教学与研究出版社（以下简称“外研社”）积极

---

① 秦昕婕，四川外国语大学西方语言文化学院意大利语教师。李千寻，四川外国语大学西方语言文化学院意大利语专业在读本科生。

响应党和国家的号召，于同年9月推出“外研社·国才杯”国际传播力短视频大赛（原名：沟通世界的国才·国际传播力挑战赛），鼓励大学生在自媒体平台用外语讲述自己及身边的故事，以生动自然的方式对外传播中国文化，展现中国故事的世界意义和当代价值，更加充分、鲜明地展现中国故事及其背后的思想力量和精神力量。

自“外研社·国才杯”国际传播力短视频大赛开展以来，共有来自全国600余所高校的数万名大学生参与，视频平台话题播放量累计超过1900万，参赛语种从英语发展到包括俄语、德语、法语、西班牙语、阿拉伯语、日语、意大利语、葡萄牙语、朝鲜语在内的10种语言。

2023年6月，为响应党和国家的号召，推进重庆市各高校“理解当代中国”教材使用与课程建设工作，加强培养重庆市大学生国际传播能力，重庆市教育委员会（以下简称“重庆市教委”）、重庆市普通本科高等学校外国语言文学类专业教学指导委员会（以下简称“教指委”）特与外研社携手举办2023“外研社·国才杯”国际传播力短视频大赛（重庆赛区）（以下简称“大赛”）。

大赛与第三届“外研社·国才杯”国际传播力短视频大赛主题一致，以“中国人物”为主题，引导选手探寻慷慨前行、彰显中国精神的人物事迹，讲述中国故事。大赛以哔哩哔哩平台为指定投稿平台，邀请广大重庆市大学生以赛为媒，启迪思考，为推动中国更好走向世界、世界更好了解中国作出特有贡献。同时，为彰显院校育人成效，此次大赛的优秀作品将标明获奖选手姓名、所在院校，展示在国才考试官网等平台，供不同院校切磋交流。此外，本次大赛特别设置“优秀院校组织奖”“优秀教师组织奖”，为荣获该奖项的院校提供实习机会，拓宽院校实践教学路径。

二、比赛流程与赛制

根据赛事官方说明，参赛选手可使用英语、俄语、德语、法语、西班牙语、阿拉伯语、日语、意大利语、葡萄牙语参赛，1个作品中仅能使用1种语言。各赛道作品按分数排名，决出2023“外研社·国才杯”国际传播力短视频大赛（重庆赛区）冠、亚、季军及一等奖。

2023年赛事的报名方式如下：

第一步：参赛选手须在6月30日24：00前在哔哩哔哩平台发布参赛作品，投稿时带标签#外研社国才杯短视频大赛，并在视频简介中@国才君。

第二步：将作品链接填写至大赛报名表。

三、赛事能力与要求

根据官方赛事介绍，本次大赛需要参赛选手具备的基本赛事能力主要包括：

首先，应具备热点信息检索总结能力，在较短时间内选取契合赛事主题的选题。

其次，应具备较强的专业素养，具有较高的外语水平，使中文字幕简明易懂，符合中文的表达习惯；同时使意大利语的配音和字幕更加地道和专业，以便意大利语使用者更直观地理解视频内容。

最后，应具备视频剪辑能力，使呈现出的视频具有观赏性。并在限定时间内，将所要表达的主题内容准确无误地传达给观众。

四、赛前准备

赛前准备主要包括：确定主题、进行相关材料的收集、确定脚本、拍摄相关视频、进行配音、添加字幕、添加配音、指导教师审核等。

（一）确定主题

对笔者而言，最重要的是确定好主题，我们在准备这场比赛的时候进行了很多场小组讨论。进行了不下三场的头脑风暴后，我们从生活中的普通人讨论到新晋网红——通过学习传承、展现中国特色传统文化的手艺人……在大量收集查看资料之后，一个人的身影闪入脑海——“矿工诗人”陈年喜，他身上所具有的中国人的韧劲、不服输的精神和骨子里深沉的浪漫，从一个独特的角度彰显中国精神的人物事迹。一个既能代表中国生产制造及相关群体的工人，一个又能彰显中国精神独特内涵的诗人在他身上汇聚，没有更加契合的人选了。这既体现了中国文化，又向世界介绍了中国发展的真实面貌。我们从真实人物入手，从真实事件入手，代入工人视角，展开叙述。

（二）进行资料的筛选

陈年喜是近期进入大众视野的，但作为公众人物，他并不活跃，仅有少量没有照片的新闻报道和视频介绍，鉴于我们自身的能力，并不能邀请到他本人进行视频拍摄。如何在短时间内进行信息检索，找到合适的片段和内容来构建视频的主体，成为我们面临的第二个问题。我们决定进行小组分工：在不同的平台上进行关键词的搜索和总结，而后对每个小组成员所收集的资料进行梳理和整合，再以头脑风暴的形式讨论决定视频呈现的主要内容和表现形式，最后根据讨论结果进行资料地再收集。

（三）日常积累

如果参加比赛是一个输出远远高于输入的过程，那么日常词汇、句式、句法、动词变位等的积累则是充实输入的过程。在比赛过程中需要考虑从中文角度出发，选择的动词、名词、情景是否地道，是否能让以意大利语为母语的观众读懂，同时也使得母语为中文的观众能够充分理解视频内容。再长的句子都是由单词构成的，以意大利语词汇为例，词汇的日常积累主要可以从以下几个方面进行。

通过自行预习课本内容，熟练掌握课后单元词汇。比如，四川外国语大学意大利语专业学生所使用的专业课本《新视线意大利语1学生用书》后附有词汇表，参赛选手可以利用非课程时间进行学习，利用碎片化时间进行积累。此教材按模块编撰，学生可系统性学习某一领域的相关词汇，并在单元结束的自我测试中进行检验，在阅读课文的过程中掌握词汇的用法和语境，加强记忆，同时分模块进行学习和背诵更有利于形成词汇体系。

词汇的积累不是单个的、点状的，而是呈树状图形不断往外延展、交融的。在单词的记忆过程中，不只是记住一个意大利语单词对应的一个或者几个中文词语，更要学会融会贯通，联想记忆这个单词的近义词、反义词、词性转换（如动词、形容词、名词、副词形式）。对于意大利语动词要考虑是否有自反动词、是否既是及物动词也是不及物动词、是否存在特殊的动词变位等情况，以及在使用过程中更倾向于哪一种中文的解释等。

当然，在词汇的积累过程中不仅要学习“意译中”，也要熟练掌握“中译意”，既要引进来，也要走出去。“中译意”对不少意大利语初级学习者来说是一个比较难突破的过程，这需要考虑到两种语言的语境和使用方式，即更倾向于使用哪些语序，在哪些具体的环境下会使用特定的单词。

词汇需要在句子当中才能表示它的特定含义，针对这点，可以参考以下的单词记忆方法：阅读以意大利语写作的相关材料，如意大利语书籍、在线报纸《晚邮报》《24小时太阳报》《新闻报》等、期刊《全貌》《连线意大利》《国家地理意大利版》等。阅读意大利语相关论坛、相关公众号上发表的文章，是扩大词汇量的一种优解，可以根据文本的需要进行选择性阅读和记忆，同时也能提高有效材料的筛查能力。

随着自媒体的发展，网络也为意大利语学习者提供了海量学习资源。可以通过小红书、哔哩哔哩等网络平台，观看视频，在视听结合的同时进行单词的记忆，不仅可以积累单词，也可以在观看的过程中锻炼听力并进行口语的练习，锻炼视、听、说能力。

观看意大利语原声电影、电视节目、纪录片，如《美丽人生》《天堂电影院》《偷自行车的人》《猜猜我的名字》《珠穆朗玛峰的神秘》《老渔夫的诗歌》《狂欢节：威尼斯背后的面纱》《足球之国》等。通过观赏这些影视作品，不仅可以更直观地体会意大利语在使用过程中的形式，也可以增进对意大利风土人情的了解，以及对意大利经济、政治、文化、科技等领域的认识。

进行同学间纯意大利语的口语练习。在对话过程中相互学习、纠正、提升，尝试在交流的过程中使用新学习的词汇，既是对所学内容的巩固，也帮助同伴掌握新词汇。

利用碎片化时间学习。在往返教学区和非教学功能区的路上可以收听意大利广播，或者相关平台发布的视频、音频、广播；制作意大利语的单词卡片，将需要记忆的单词、短语写在正面，释义和例句标注在反面。利用零碎时间反复查看和背诵，加深记忆。在记忆单词的过程中要学会联想记忆法，通过相同词根、词缀（包括前缀与后缀）的单词，系统性进行记忆，形成更加坚实牢固的单词体系。

单词积累到一定水平之后再进行句子的组合。意大利语与其他语言有较大差异的主要原因是时态，包括现在时、近过去时、未完成过去时、远过去时、一般将来时、先将来时、虚拟现在时、现在虚拟语气、过去虚拟语气、未完成虚拟语气、远过去虚拟语气等，要选择符合语境的具体时态并构成句子。

除此之外，定期进行练习也是必不可少的，一方面以考促学，一方面在检测的过程中查漏补缺。组内成员在比赛开始的前一个月应保证每天都进行口语练习，以确保视频在录制的过程中不因口语问题导致延期或者是拖延进度；每天的口语练习不低于半个小时，形式可以是组内成员相互提问或就某一主题、模块、热点问题进行讨论，或统一跟读视频、音频，跟读结束后进行组内互评，相互纠音，保证跟读结束后没有不认识或者读音不熟悉的单词。通过练习，一方面在非母语环境下营造意大利语学习氛围，保持语感；另一方面积累词汇，便于视频文案的撰写。

（四）合作

作为意大利语刚入门一年的学生，我们对自己的专业水平有客观的认识。讨论后，决定采用把中文原稿翻译为意大利语的方案，将原稿分段，分别翻译后再整合，并向本专业老师寻求帮助。

在音频录制的过程中，我们没有采用分段录制的方式，而是每人全段录制，再从中选取最优部分进行整合，以保证视频配音的准确性和契合度。

我们发现，在合作中，并不是将任务完全平分才是公平的，而是应不断调整分工方案，以任务最优完成为目的，不断地进行磨合，讨论意见不同的地方，自我反思、相互学习、相互促进。在视频剪辑方面，学院为我们提供专业人士进行协助，以保证参赛作品在技术层面的质量，使视频更加流畅、更符合现代观众观赏需求、更吸引观众的眼球。我们在此次比赛中取得的成绩，离不开每一位成员的努力、每一位老师的指导和学院的支持。

五、参赛回顾与经验总结

“外研社·国才杯”国际传播力短视频大赛不仅仅是一个竞赛，更是一个教育过程。它通过实践活动，促使学生将所学知识与实际相结合，提高了学生的实际操作能力和创新能力。同时，赛事也为师生提供了一个自我展示的平台，让学生的才华得到认可，增加了学习的动力和热情。通过赛事，师生共同经历了从策划、拍摄到后期制作的全过程，不仅锻炼了学生的语言应用能力，更加深了他们对意大利文化的理解和国际视野的拓展，体现了“以赛促人”的深刻意义。

首先，此次大赛提供了一个极好的平台，让学生有机会将课堂所学知识应用到实践中。通过参赛，学生不仅要深入研究意大利语言和文化，更要学会如何将这些知识通过视频这一形式创意地表达出来。这个过程中，学生的研究能力、创新能力以及团队协作能力都得到了极大的提升。

其次，赛参赛过程中的各种挑战也让师生意识到自身能力的不足，特别是在视频制作的专业技能上。这些挑战促使大家积极寻找解决方案，包括自主学习新的软件操作技能、寻求专业人士的指导等，极大地提高了学生解决问题的能力和自主学习的能力。

同样重要的是，对于学习小语种的学生来说，参与此类国际性的比赛，不仅能够增强自信心，还能够提高语言实际应用能力和国际交流能力。在准备比赛的过程中，学生深入学习了意大利文化，这不仅仅是语言学习，更是文化的学习和理解，有助于培养跨文化交际能力。此外，面对来自不同文化背景的参赛作品，学生能够开阔视野，理解并尊重文化差异，这对于未来走向国际舞台的中国小语种学生来说至关重要。

综合赛事篇

中国—匈牙利人文交流案例中的领事保护研究

——兼论区域国别研究视角下的大创赛事与非通用语人才培养

孙晨　陈虹希[①]

一、选题缘起

“中国—匈牙利人文交流案例中的领事保护研究”[②]缘于本科二年级的大学生创新创业训练计划，得益于多语种、跨专业的团队合作，可以说是一次对大学生创新创业与非通用语人才培养相结合的成功探索与尝试。

项目成员分别来自外交学、匈牙利语和英语专业，不同专业背景与知识储备既是项目初始阶段的优势也是挑战，如何整合好非通用语种、社会科学与大学生创新创业之间的关系，是摆在项目成员面前的首要难题。通过不断磨合，促使团队整体提升，外交学专业背景的成员比较了解匈牙利文化概况，匈牙利语、英语专业背景的成员也相继学习了“领事与侨务”“外交学概论”等课程。由此展开项目讨论与案例积累工作，探寻大学生创新创业与非通用语人才培养的可循之路。此外，项目导师团队拥有外交学、英语与匈牙利语的跨学科、多语种背景，并拥有丰富的社会科学、非通用语科研与教学经历，为本项目提供了坚实的智力支持与指导。

最终，课题的研究缘起正如申报书中所阐述的：

2019年正值中匈两国建交70周年，本课题紧密结合领事保护相关理论，针对

---

① 孙晨，华中师范大学政治与国际关系学院博士生。陈虹希，伦敦国王学院战争学系硕士生。

② 本研究得到中国国家留学基金国际区域问题及外语高水平人才培养项目资助（CSC02306770019）。

目前中匈人文交流研究视角局限、中匈领事保护供需矛盾等问题，深入发掘中国—匈牙利人文交流案例，开展多角度、跨学科、多语种、跨领域的基础性和应用性研究，以期建立中匈人文交流案例集与领事保护指南，从而推动中国—匈牙利全面战略合作伙伴关系发展，同时积极促进“一带一路”倡议、中国—中东欧国家合作（“16+1合作”）等战略的实施，探索落实习近平外交思想与人类命运共同体的有效途径。

二、项目申报

2019年3月20日，四川外国语大学教务处印发《关于2019年校级大学生创新创业训练计划项目申报工作的通知》(教务处〔2019〕29号)。与课题导师达成指导合作意向后，项目负责人组建团队并正式着手课题申报工作。在课题导师指导下，团队成员通过对国家社科基金、省市级社科项目的申报文书学习并结合本课题实际内容，形成课题研究建设框架。课题先后获得校级立项并被推荐获得省（市）级立项，最终于2019年10月获批国家级大学生创新创业训练计划项目（国创计划）立项。

（一）校级大学生创新训练计划项目申报书[①]

1. 基本情况

所属学科	政治学						
申请金额		起止年月		2019年5月至2020年6月			
主持人姓名	孙晨	性别	男	民族		出生年月	
学号		联系电话					
指导教师	周思邑、曾睿						

① 申报书隐去了涉及个人隐私的信息。

续表

<table>
<tr><td colspan="2">项目名称</td><td colspan="5">中国—匈牙利人文交流案例中的领事保护研究</td></tr>
<tr><td colspan="2">主持人曾经参与科研的情况</td><td colspan="5"></td></tr>
<tr><td colspan="2">指导教师承担科研课题情况</td><td colspan="5"></td></tr>
<tr><td colspan="2">指导教师对本项目的指导情况</td><td colspan="5"></td></tr>
<tr><td rowspan="6">项目组主要成员</td><td>姓名</td><td>学号</td><td>专业班级</td><td>所在学院</td><td>项目中的分工</td></tr>
<tr><td>孙晨</td><td></td><td>外交学</td><td>国际关系学院</td><td>统筹总体</td></tr>
<tr><td>陈虹希</td><td></td><td>外交学</td><td>国际关系学院</td><td>多元收集</td></tr>
<tr><td>雷仁芮</td><td></td><td>匈牙利语</td><td>西方语言文化学院</td><td>有机整合</td></tr>
<tr><td>肖博文</td><td></td><td>匈牙利语</td><td>西方语言文化学院</td><td>视角剖析</td></tr>
<tr><td>周昱彤</td><td></td><td>英语</td><td>英语学院</td><td>方案产出</td></tr>
</table>

2. 立项依据

（一）研究目的

1.中匈建交70周年之际，推动中匈关系发展

2019年正值中匈两国建交70周年，中匈两国友谊源远流长。匈牙利是最早承认中华人民共和国的国家之一，建交以来两国在政治、经贸、金融、人文等领域交流频繁，取得了丰硕成果。2017年5月13日，习近平主席会见应邀对中国进行正式访问的匈牙利总理欧尔班·维克多，双方一致同意建立中国—匈牙利全面战略伙伴关系。本项目将开展多角度、跨学科，多语种、跨领域的专项研究，推动中匈两国人文交流发展、深化两国全面战略合作伙伴关系。

2.挖掘中匈人文交流案例，开展领事保护研究

本项目紧密结合领事保护相关理论，深入发掘中国—匈牙利人文交流案例，将理论基础与实践案例相结合，展开领事保护研究。特别针对目前中匈领事保护供需不足、中匈人文交流研究视角局限等问题，通过对科技、教育、旅游、医药、体育等案例的深入分析，以及利用实地调研、案例归纳、启示总结等科学研究方法，弥补中匈领事保护启示性研究领域的不足、解决中匈领事保护供需矛

盾，得出广泛的、具有普遍适用性的领事保护启示。

3.探究中匈合作前景，助力“一带一路”倡议

匈牙利位于欧洲中部，是东欧和巴尔干半岛进入西欧的必经之路，是中欧陆海快线的终点站，也是“一带一路”共建国家之一。2013年，习近平主席出访中亚和东南亚时提出“一带一路”倡议。2015年6月，中匈两国签署共建“一带一路”政府间谅解备忘录，成为中国与欧洲国家签署的首份共建“一带一路”政府间合作文件，标志着中国“一带一路”倡议与匈方“向东开放”政策成功实现对接，为双边关系发展注入了新动能。本课题将积极促进新时代“一带一路”倡议、中国—中东欧国家合作（“16+1合作”）等国家倡议战略的实施，探索落实习近平外交思想与人类命运共同体理论的有效途径。

（二）研究内容

本课题以中国—匈牙利间人文交流案例、领事保护工作为主要研究对象，开展相关领事保护研究，主要包括以下几个方面：

第一，中国—匈牙利人文交流案例。人文交流是指不同地域、不同国家、不同民族间除政治、经济、军事外的各种交流的合成。本项目广泛收集两国间教育、科技、旅游、医药等具有代表意义的人文交流案例，开展基础性研究，形成人文交流案例集等成果。

第二，中国—匈牙利领事保护工作。领事工作是海外民生工程，侨务工作是海外民心工程。中国与匈牙利间人员来往密切，本项目将两国间领侨工作为主要研究对象，从领事保护角度进行案例解析，形成领事保护指南等成果。

研究总体分为两部分：

第一，基础性研究。在中东欧区域概况及人文交流框架下，利用资料整理与案例归纳法，从时间和类型维度，归纳并形成有效经验。

第二，应用性研究。在已有学术基础的指导下进行，以领事保护相关理论为切入点，以综合分析为主要手段，形成具有实用性的规律，从而得出领事保护启示。

（三）国内外研究现状和发展（创业项目的动态行业现状、发展趋势）

1.国外相关研究的学术史梳理及研究动态

（1）中国—匈牙利关系研究

目前，国外学术界对中国和匈牙利关系的探讨主要集中于历史、经济、政治和文化这四个领域。

历史方面，早在14世纪就有匈牙利学者Márk Kálti在其著作*Hronicon Pictum*（1358—1370）中探讨了古匈牙利民族和中国古代北方游牧民族——匈奴的血缘关系；近来，Napi történelmi Forrás（2018）在文章*I. világháború után Magyarország-Japán kapcsolata*中也从历史的角度探讨了20世纪以来匈牙利与东亚国家的历史渊源。

政治方面，Brückner Gergely（2019）从双边领导人互相访问的角度入手，以匈牙利政府成员近年来多次访问中国各地为例，预测了中匈两国未来关系发展的良好趋势；匈牙利外交部亚太司Shelley（2014）就1997年亚洲金融危机对中匈政治关系的现状及未来发展趋势进行研究；MT（2017）根据匈牙利“向东开放”政策与中国“一带一路”政策向西发展的意愿不谋而合后，撰文*Keleti Nyitás bekövetkezése*指出匈牙利成为中国与中东欧其他十五个国家建立联系的重要支点。

经济方面，Kovács Zsolt Márton（2008）在*Kína és Magyarország gazdaságának összehasonlítása*中从中匈两国GPA和农业两方面入手，详细对比了中匈两国的经济情况，说明了中匈两国经济合作的基础；考文纽斯大学中东欧亚洲研究中心的创始人Matura Tamás（2017）在其文章*A Kínai–Magyar Kapcsalat*中从外交和经济两方面，探讨了中匈合作对匈牙利经济复苏的推动性。

文化方面，Magyarország Nagykövetsége Peking（2016）以时间线的形式梳理了1953年到2016年中匈两国间的文化交流大事件；Dr. Bradean、Ebinger Nelu 和Kulcsár Szabina（2017）从教育领域入手，由小见大，反映了二战以来中国和匈牙利文化交流的历程。

（2）人文交流研究

国外学者对人文交流领域的研究主要集中在地区人文交流回顾、文化人文交流以及人文交流的作用上。在地区人文交流回顾领域，Salát Gergely（2009）在其论文*Budapesttől Pekingig, a magyar–kínai kapcsolatok múltja*中研究了早期匈牙利与中国之间民间自发以及个体的人文交流现象；H.I（2018）从匈牙利周边国家科技发展谈起，指出新型科技的发展带动了中东欧国家之间的人员流通。在文化人文交流领域，Kovács.M.Dávid（2013）在文章*Székkel az idegen kultúráként*中以匈牙利的艺术展为载体，推动了阿拉伯国家文化在匈牙利的传播并收集了匈牙利民众对此类文化的反馈，从而发散到不同国家的人文艺术在匈牙利的传播；Csongor Barnabás（2008）研究了汉学在匈牙利的起源和发展。在人文交流的作用领域，Brown Matthew、Paquette Gabriel和Small Margaret（2017）研究了现代早期欧洲各地的思想交流，以及这种交流对欧洲文化、社会和生活的影响；Tim Winter（2016）探讨了文化外交和“一带一路”的文化方面对重塑地区政治安全的作用等。

（3）领事保护研究

国外领事保护的研究主要是基于理论与实际展开的，并且大部分都是领事相关的研究。在理论方面，Panyi Szabolcs（2015）从理论方面对匈牙利国内领事保护处理机制进行了研究；H József（2005）从外交和领事关系的权利两方面进行了研究；Ana Mar Fernández（2008）分析了领事签证政策，并探讨了其对成员国海外领事事务管理的影响。在以实际案例为载体的研究方面，Leo Gross（2017）对涉及美国驻德黑兰大使馆被武装分子劫持约50名美国人的事件进行了相关的领事保护政策的分析和探讨；Renée Jones-Bos和Onique van Daalen（2008）在文章*Trends and Developments in Consular Services: The Dutch Experience*中介绍了过去二十年间领事业务的趋势和发展，并借荷兰外交部如何对这些趋势和发展作出反应，总结领事启示；Tóg（2019）则从匈牙利外派到别国的大使视角入手，研究了匈牙利驻瑞典大使在向瑞典外交部质询社会保障问题时所起的作用与拥有的话语权。

2.国内相关研究的学术史梳理及研究动态

（1）中国—匈牙利关系研究

从经济领域着手研究中匈关系的学术研究：罗芳（2019），“16+1”合作框架下中国对匈牙利直接投资的发展前景及优化；王晓波（2018），以投资指南为视角，形成匈牙利投资指南；陈新（2018）也以相同视角，形成2018年中资企业在匈牙利商业环境调查报告；于静（2016），中国在匈牙利对外经济战略中的作用研究；刘洪钟、郭胤含（2017），“丝绸之路经济带”与“16+1”合作框架内的中匈投资合作。

有学者从历史领域研究中匈关系，探讨双方历史联系：王莉莉（2016），从中匈两国间交往历史追述早期中国与匈牙利的交往史；郭欣（2018），匈牙利苏维埃共和国失败的原因与反思；姬文刚（2018），中东欧国家政党政治“欧洲化”论析——以波兰、匈牙利、捷克为例。

还有学者以经典案例为切入点：贺之杲（2017），中国企业并购欧洲企业的成功案例——烟台万华收购匈牙利宝思德公司；孙茂利（2014）更是以两国民歌为研究对象，形成中国与匈牙利民歌亲缘关系研究的新起点——“中匈音乐文化交流工作坊”评述。

（2）人文交流研究

人文交流是不同国家、地区和民族之间交流的重要组成部分，是国际关系发展的桥梁和纽带，在传播各国文化、展示国家形象、建设国家软实力等方面发挥着举足轻重的作用。国内学者对人文交流的相关研究主要为区域人文交流回顾、文化人文交流及人文交流的其他功能研究。许利平（2019）将外交与人文相结合，提出新时代中国周边人文外交；张骥、邢丽菊（2018），深化中外人文交流基础研究；杨荣国、张新平（2018），“一带一路”人文交流：战略内涵、现实挑战与实践路径；包澄章（2019），中国与阿拉伯国家人文交流的现状、基础及挑战；徐菁忆（2019），“一带一路”倡议下的中英人文交流；刘宝存、傅淳华（2018），“一带一路”倡议下的中外人文交流机制——现状、问题与出路；甘锋、李晓燕（2019），人文主义传播研究的典范：杜威艺术传播思想的内涵、意义及当代价值。

（3）领事保护研究

领事保护工作是外交工作密不可分的组成部分，关于领事保护的研究主要分为以下三个方面：

大多数学者从国际法角度论述领事制度及侨务工作：黎海波（2009），国际法的人本化与中国的领事保护；王勇（2018），我国领事探视法律制度的构建——兼评《〈领事保护与协助工作条例（草案）〉征求意见稿》的相关规定。讨论领事保护立法的有：邢爱芬（2011），海外中国公民领事保护立法初探；何其生（2018），领事认证制度的发展与中国公文书的全球流动。从领事公约视角创新领事制度的有：梁蓉（2016），《维也纳领事关系公约》的挑战与革新。

从历史学的角度阐述领事保护制度和领事保护（或护侨活动）：夏莉萍（2008），20世纪90年代以来主要发达国家领事保护机制变化研究——兼论对中国的启示；英振坤（2013），中世纪欧洲海商法研究（11—15世纪）；杜军强（2013），近代中国对外商银行的法律控制研究；胡燕（2007），中国涉外法权变迁史研究；张彬（2009），上海英租界巡捕房及其制度研究（1854—1863）；郝雨凡（2015），十九世纪中叶美国驻澳门领事的“设”与“撤”。

还有学者以经典案例为载体，进行领事保护相关研究：熊秋良（2018），近代美国驻华领事馆对华信息搜集探析——以“福建事变”为例；领事保护案例也是学者较多关注的领域，师会娜（2013），菲律宾领事保护研究及其对中国的启示——以菲律宾海外劳工领事保护为例。

（四）创新点与项目特色

本研究以中国与匈牙利人文交流为视点，旨在以专业视角探寻中匈交流中的领事保护工作。在以往研究的基础上展开探讨，主要有以下创新点与特色：

团队创新。项目组成员来自国际关系学院外交学专业及重庆非通用语学院匈牙利语专业，拥有国际关系及领事保护相关知识储备，同时又兼具匈牙利语语言专业基础，能够将语言与领侨相关知识相结合，实现跨院系高效合作。

视角创新。本课题敏锐捕捉到“中国—匈牙利人文交流”这一重要议题，将中东欧国家与中国关系、匈牙利与中国关系、国际人文交流、领事保护这些议题整合起来，以相关知识为基础、政策目标为导向，有机结合，有助于获得系统、科学的领侨启示，助力“一带一路”倡议的总体推进。

方法创新。本研究主要采用实地调研法，收集以中匈人文交流案例为主体、与现实紧密相关的多元资料，又以时间为维度，以专题为板块对收集到的资料进行归纳分类；引入比较研究法，对资料进行比较，提取有利经验，使研究与现实对接。着眼于中国—中东欧国家（“16+1”合作）机制整体，细分匈牙利与中国的关系，全方位挖掘领事保护相关启示。

资料创新。本研究除展开传统的文献研究外，还通过人物采访、实地调研、观看相关影视资料等方法丰富研究材料，实现研究资料的全面化和系统化。

成果创新。本研究致力于将所形成成果服务大众，将分别形成学术性成果和实用性成果。

（五）技术路线、拟解决的问题及预期成果

1.技术路线

第一，基础与实用性研究结合。本研究紧扣中国—匈牙利人文交流和领事保护这两个主题，科学划分每一主题的不同研究内容；根据研究内容的学理性和应用性侧重不同，从立足理论和案例、服务于实践的原则出发，选择合适的研究方法。

第二，综合运用多元分析范式。本研究遵循全方位、宽领域、多层次的原则，融合了统计学中的统计分组法、传播学中的访谈法等多学科研究方法，实现了研究方式的多样化、科学化，最终得出包括多元资料库、案例集、学术论文、视觉化避险手册在内的不同类型的研究成果。

2.拟解决的问题

第一，中匈关系前人研究视角局限。针对目前对中国和匈牙利之间交往的研究多从历史学等视角出发，研究视角局限的问题，本项目创造性地将其同领侨理论结合，在“一带一路”倡议和中国—中东欧国家合作（“16+1”合作）机制的新时代背景下，通过在匈牙利进行实地调研和收集在匈相关华人华侨案例，进行结合性研究。

第二，中匈关系现有研究方法薄弱。针对目前对中国—匈牙利研究视角局限及资料单一，与现实脱节的问题，采用实地调研法，收集以中匈人文交流案例为主体、与现实紧密相关的多元资料；引入比较研究法，对资料进行比较，提出有利经验，使研究与现实对接，更具科学性。

第三，中国在匈领保服务供需矛盾。针对当前研究中紧急避险建议过于普遍的问题，综合前期研究成果，开发、设计出有实用价值，又专门针对中匈两国之间的海外机构和人员的风险规避方案。

3.预期成果

（1）学术性成果

中匈交流大事年表。通过收集匈牙利同中国交流的历史文献、影音等相关资料（主要为新中国成立后），并对其进行系统的归纳梳理，形成中国—匈牙利交流大事年表。

中匈人文交流案例集。以匈牙利与中国的交流为切入点，发掘历史及当代案例，进行领事保护研究，形成中匈人文交流案例集。

系列学术论文。结合理论资料与实地调研的结果，先从理论探讨和梳理，再从实际探索中国—匈牙利人文交流领侨问题，形成学术论文。

（2）实用性成果

中国—匈牙利领侨指南。根据前期在旅游、商业往来、留学、探亲、艺术人文交流等方面收集到的资料，形成领侨指南，包括双边往返人员遇到的常见问题和解决方法，以及赴匈华侨华人在匈牙利暂居或长期生活时应了解的保障安全和合法权益的手段。

匈牙利概况知识手册。在前期大量调查的基础上，将匈牙利常见的职能部门电话和地址用中、英、匈三种语言印刷成册，分发给到匈牙利的游客、留学生等群体，以确保其在不通晓地方语言的情况下也有独立生活的能力。

（六）项目研究进度安排

时间	进度	具体安排
2019年3—4月	申报书写作的学习工作	小组成员集体学习如何撰写申报书，并确定研究整体思路、大体方向和研究视角
2019年4—5月	资料收集与撰写申报书	将学到的申报书写作技巧付诸实践，开始申报书写作；同时，收集与研究相关的素材并进行分类、筛选
2019年5—8月	资料整合与理论知识学习	深度分析收集到的资料，找到资料的共同点和不足之处，构建研究的初步框架
2019年8—10月	实地考察调研和相关人员走访、咨询	对匈牙利等中东欧国家实地走访调研和对相关人士、教授学者进行采访，对理论框架进一步修改与完善
2019年10—12月	资料分析与撰写案例报告	通过对多方渠道获取的资料进行有机整合与分析，对研究框架进行打磨、精加工，逐渐完善框架并进行案例报告的书写
2019年12—3月	撰写最终研究成果，形成学术报告	基于先前的研究成果，撰写研究专题报告、学术论文，并进行修改和整理，最终形成较为完善的研究成果
2020年3—5月	应用与实践	将研究所得成果进行由浅至深、由表及里的尝试，进课堂、入校园、进社会，为中国—中东欧国家发展建言献策，贡献力量

（七）已有基础

1.已具备的条件

（1）学校平台

四川外国语大学具有良好的语言基础和学科平台，积极推进“高水平应用研究型”外国语大学的建设。2017年，我校重庆国际战略研究院与重庆社科院：重庆—中东欧国家研究中心签署并交换了合作协议。此举进一步促进了我校开展中东欧国家相关研究。

2019年，我校成功当选为中国—中东欧国家智库交流与合作网络理事单位，充分发挥外语优势和特色，结合外交学、国际政治、经济贸易、人文交流等相关学科，组建了对中东欧国家经济、政治、社会、文化等领域进行语言+专业的融合研究团队。

（2）学院平台

国际关系学院是重庆市2011协同创新中心——重庆“走出去”战略与金砖国家研究协同创新中心挂牌单位，是目前西南地区唯一开设外交学专业的学院。同时国际关系学院还配备多种语言实验室、网络实验室、多媒体计算机实验室、同传实验室、外交外事实验教学中心，为本项目的实施提供了支持。

重庆非通用语学院是我校以促进重庆与“一带一路”共建国家语言互通、民心相通为目标专门成立的，瞄准国家外交及重庆市经济社会发展需要，设立波兰语、匈牙利语、捷克语等中东欧国家语种，以及希伯来语、缅甸语等非通用语种，是目前西南地区唯一开设匈牙利语专业的学院，为中匈交流培养人才，也为本项目实施提供了支持。

（3）科研平台

“外交外事实验中心”由我校于2009年成立的校级实验室“对外发展研究及涉外高端人才实训中心”更名而成，于2011年获“中央财政支持地方高校发展专项资金”资助，成为目前全国唯一的集外交外事人才培养、师资培训、社会服务于一体的跨学科平台，该实验中心为本项目提供有力支持。

2.尚缺少的条件及解决办法

（1）文献专著较为缺乏

该领域现有的文献资料较为零散，有效资料较少，不利于开展集中性研究。针对此问题，我们将系统地梳理资料，并在查找原有资料的同时，通过对匈牙利的实地调研与对匈牙利华侨等相关人员的采访，提升资料的丰富度与逻辑性。

（2）研究视角较为局限

大多数文献主要从历史学等角度出发，分析中匈间人文交流，鲜有中匈领事保护角度研究可供参考。对于此问题，我们将进行相应具体的中国—匈牙利领事保护研究，同时将借助国际关系学院与重庆非通用语种学院的资源支持以及指导老师的帮助，更好地解决这一问题。

3.经费预算

开支科目	预算经费（元）	主要用途
预算经费总额		整体科研项目计划实施
图书资料费		购买项目相关图书的费用
专家咨询费		咨询与项目相关的学者、机构所需的费用
调研差旅费		项目调研所需的交通、食宿费用
劳务费		项目进行所需雇请的相关人员报酬
文本印刷费		印刷项目所需文本资料的费用

（二）国家级/重庆市级大学生创新训练计划项目申报书*

<table>
<tr><td colspan="2">项目名称</td><td colspan="5">中国—匈牙利人文交流案例中的领事保护研究</td></tr>
<tr><td colspan="2">项目起止时间</td><td colspan="5">2019年5月至2020年5月</td></tr>
<tr><td rowspan="2">负责人</td><td>姓名</td><td>年级</td><td>学院（专业）</td><td>学号</td><td>联系电话</td><td>E-mail</td></tr>
<tr><td>孙晨</td><td></td><td>国际关系学院
外交学</td><td></td><td></td><td></td></tr>
<tr><td rowspan="4">项目组成员</td><td>陈虹希</td><td></td><td>国际关系学院
外交学</td><td></td><td></td><td></td></tr>
<tr><td>雷仁芮</td><td></td><td>西方语言文化学院
匈牙利语</td><td></td><td></td><td></td></tr>
<tr><td>肖博文</td><td></td><td>西方语言文化学院
匈牙利语</td><td></td><td></td><td></td></tr>
<tr><td>周昱彤</td><td></td><td>英语学院
英语</td><td></td><td></td><td></td></tr>
<tr><td rowspan="6">指导教师</td><td>姓名</td><td colspan="3">周思邑</td><td>职务/职称</td><td></td></tr>
<tr><td>所在单位</td><td colspan="5">四川外国语大学国际关系学院</td></tr>
<tr><td>联系电话</td><td colspan="3"></td><td>E-mail</td><td></td></tr>
<tr><td>姓名</td><td colspan="3">曾睿</td><td>职务/职称</td><td></td></tr>
<tr><td>所在单位</td><td colspan="5">四川外国语大学西方语言文化学院（重庆非通用语学院）</td></tr>
<tr><td>联系电话</td><td colspan="3"></td><td>E-mail</td><td></td></tr>
</table>

* 申报书隐去了涉及个人隐私的信息。

1. 项目简介

2019年是中匈两国建交70周年，本课题紧密结合领事保护相关理论，针对目前中匈人文交流研究视角局限、中匈领事保护供需矛盾等问题，深入发掘中国—匈牙利人文交流案例，开展多角度、跨学科，多语种、跨领域的基础性和应用性研究，以期建立中匈人文交流案例集与领事保护指南，从而推动中国—匈牙利全面战略合作伙伴关系发展，同时积极促进“一带一路”倡议、中国—中东欧国家合作（“16+1”合作）等国家战略的实施，探索落实习近平外交思想与人类命运共同体的有效途径。

2. 申请理由

（一）自身条件

本项目共有5名成员，分别来自四川外国语大学国际关系学院外交学专业、英语专业、西方语言文化学院（重庆非通用语学院）匈牙利语专业，是一支兼具国际视野和语言优势的队伍。

知识储备复合型。团队成员均有丰富的国际关系、领事保护和匈牙利语方面的知识储备。本项目实现了跨学院、跨专业、跨语种合作模式，匈牙利语专业、英语专业的同学为项目的研究提供了语言支持，为文献查找和资料收集扫清了语言障碍；外交学专业的同学将充分发挥领侨专业知识，将收集到的文献资料同领侨理论相结合，获取规律性结论。

研究实践丰富型。项目负责人已有组织团队开展相关大学生创新项目并获得市级立项的经验，撰写了相关论文，具有比较清晰的研究思路。部分成员将前往匈牙利进行为期一年的学习，能够在匈牙利开展广泛深入的实地调研，获取一线资料。同时，非通用语学院长期与匈牙利驻重庆总领事馆开展合作，团队成员亦有与匈牙利驻重庆总领事馆进行合作的机会。

兴趣特长多元型。团队成员均对国际关系研究与实践怀有浓厚的兴趣，积极参加相关活动，如全国大学生外交外事礼仪大赛等，且时常从国际时讯中搜索和挖掘相关的热点新闻；团队成员经常阅读国际关系等方面的书籍和学术论文，且善于运用批判性思维发表自己的见解；部分成员是学校纵横学社、模拟金砖国家协会成员，具有良好的学术研究能力；部分成员为校园公众号专业写手，具有较强的写作能力。

（二）前期准备

1.资料准备

跨领域，多模态。项目前期以时间为纬度，收集新中国成立以来同匈牙利在各个领域交流的相关资料。

多模态资料包括但不限于视频、文献、新闻、报刊、法律。在视频方面，如纪录片《新侨乡·新明溪》等；在新闻方面，如2014年《宁波日报》“21世纪海上丝绸之路万里行”专题的《维斯普雷姆市市长久洛·波尔加：牵手宁波实现优势互补》等。

跨领域资料包括但不限于音乐、医学、教育、体育、旅游、科技等。在音乐方面，如宁波小百花越剧团赴匈牙利演出、上海歌剧院赴匈牙利布达佩斯表演《微笑王国》；在医学方面，如2013年匈牙利政府通过中医立法、2015年颁布中医立法实施细则；在体育方面，如匈牙利华裔速滑兄弟刘少林、刘少昂在平昌冬奥会大放异彩。

2.团队准备

跨院系，多专业。本项目团队集合了国际关系学院外交学专业、英语专业和重庆非通用语学院匈牙利语专业的同学，形成跨院系、多专业的复合型高素质团队。团队成员参与过大量与本项目有关的活动，如第十六届全国大学生外交外事礼仪大赛、第二届区域与国别论文大赛等，同时多次参与时事学术研讨会，并撰写时事评论文章，形成了极高的学术素养。

跨语种，多文献。文献资料不仅包含英语、汉语文献，还包括匈牙利语、波兰语、捷克语、克罗地亚语等。这一优势使得项目组可进行跨语种深入研究，实现一线收集、实地调研等，保证文献资料的多元性。

3. 项目方案

（一）研究计划

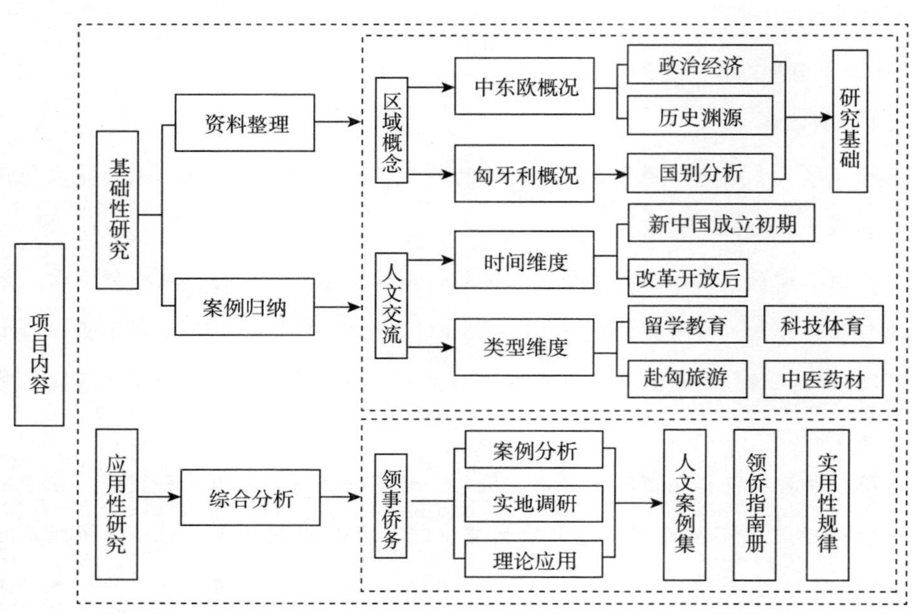

（二）技术路线

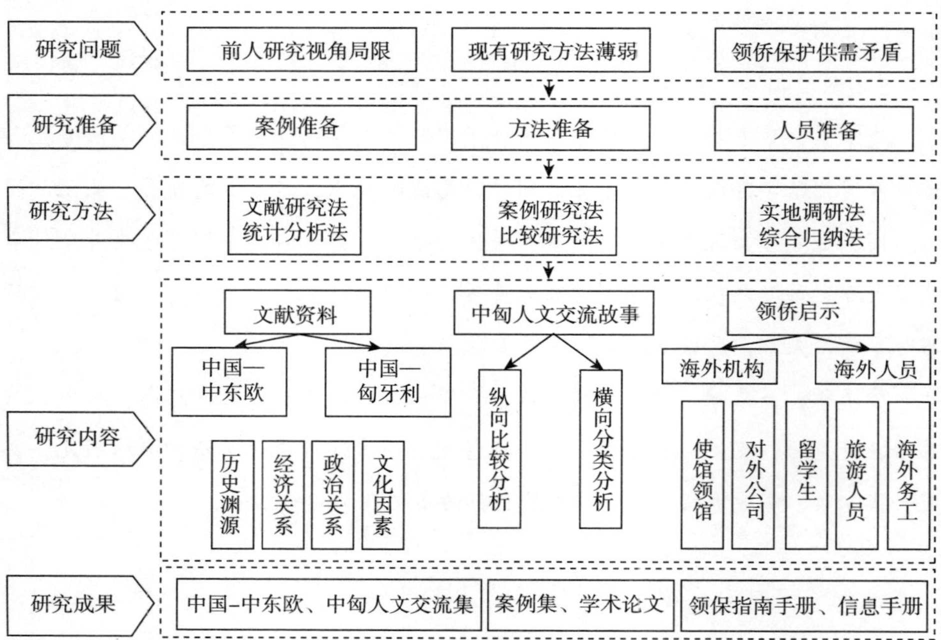

（三）人员分工

姓名	项目中的分工
孙晨	统筹项目，对项目进度、项目调研进行总体计划，协调项目成员之间的关系
陈虹希	主要负责多元资料收集工作，广泛收集国内外已有的研究资料，为项目提供多元资料
肖博文	主要承担资料有机整合工作，以独特宏观视角，整合已收集的各项数据资料，为项目整合建立多元信息数据库
雷仁芮	主要负责以独特视角剖析相关工作，利用已有多元信息数据库，深入剖析并汲取有益经验
周昱彤	主要负责科学方案产出相关工作，在前期已有研究成果的基础上，着眼于现实需求，生成启示方案

4.项目特色与创新点

本研究以中国与匈牙利人文交流为视点，旨在以专业视角探寻中匈交流中的领事保护工作，并在以往研究的基础上展开探讨，主要有以下创新点与特色。

一是研究视角的创新性。本项目将研究的焦点落于中国与匈牙利之间的人文交流上，开创性地从人文交流这一角度出发尝试探索中匈交流之中的领事保护工作。利用人文交流这一崭新的出发点和突破口，将领事保护这一研究主题同“中国与中东欧国家的关系”“中国与匈牙利的关系”“国际人文交流”等议题紧密结合在一起，使得研究视角更为全面多元。相互交织的不同议题建立起一个有机的研究框架，进一步探索不同议题之间的相互关系，为提炼更为系统和科学的领事保护经验提供了有力支持，同时也进一步助力“一带一路”倡议的实施和推进。

二是研究方法的独特性。在研究方法上，本项目将实地调研法同比较研究法相结合。利用实地调研法，挑选并积累大量与领事保护相关的资料，主要以中匈人文交流案例为收集对象；又按照时间顺序，对各种主题的案例进行归类。在实地调研的基础上，通过比较研究法对收集的研究资料进行对比分析，从而提取出领事保护工作的实践经验，让研究成果具备可实践性。同时，在中国—中东欧国家合作（“16+1”合作）机制的整体框架之下，对中国与匈牙利之间的关系进行针对性研究，全方面、多角度探索领事保护相关经验。

三是资料收集的多样性。本项目的分析对象除传统的文献研究，还大胆地引入各类形式的媒体资料，如人物访谈、实地调研、相关影视等，以实现研究材料的多样性，以期提供更多角度的研究资料。

四是研究人员的多元性。本项目团队是一支跨学科的研究队伍，成员来自不同的专业和学院，为本项目提供不同的专业知识以及不同的研究视角。

五是研究成果的丰富性。本项目产出的研究成果除了学术上的论文和图书，如《中匈交流大事年表》《中匈人文交流案例集》，还形成了一系列服务于大众的实用性成果，如《中国—匈牙利领侨指南》《匈牙利概况知识手册》。

5. 项目进度安排

时间	进度	具体安排
2019年3—4月	申报书写作的学习工作	小组成员集体学习如何撰写申报书，并确定研究整体思路、大体方向和研究视角
2019年4—5月	资料收集与撰写申报书	将学到的申报书写作技巧付诸实践，开始申报书写作；同时，收集与之相关的大量素材并进行分类、筛选
2019年5—8月	资料整合与理论知识学习	深度分析收集到的资料，剖析资料，找到资料的共同点和不足之处，构建研究的初步框架
2019年8—10月	实地考察调研和相关人员走访、咨询	实现对匈牙利等其他中东欧国家的实地走访调研和对相关知情人士、教授学者的采访，通过实际情况对理论框架进行进一步修改与完善
2019年10—12月	资料分析与撰写案例报告	通过对多方渠道获取的资料进行有机整合与分析，对研究框架进行打磨、精加工，逐渐完善框架并进行案例报告的书写
2019年12—3月	撰写最终研究成果，形成学术报告	基于先前的研究成果，撰写研究专题报告、学术论文，并进行修改和整理，最终形成较为完善的研究成果
2020年3—5月	应用与实践	将此次研究所取得的成果进行由浅至深、由表及里的尝试，进课堂、入校园、进社会，为中国—中东欧国家发展建言献策，贡献力量

6. 项目经费使用计划

开支科目	预算经费（元）	主要用途
预算经费总额		整个科研项目的完成
图书资料费		购买项目相关图书的费用
专家咨询费		咨询与项目相关的学者、机构所需的费用
调研差旅费		项目调研所需的交通、食宿费用
劳务费		项目进行所需雇请的相关人员协助收集资料的报酬
文本印刷费		印刷项目所需文本资料的费用

7. 项目完成预期成果

（1）学术性成果

《中匈人文交流案例集》

《中国—匈牙利人文交流视角下的交通变迁史述略》

《多模态编辑的先驱—〈生活〉的编辑特色分析》

（2）实用性成果

《中国—匈牙利人文交流名句赏析》

《匈牙利语领事侨务词汇表》

三、项目建设

参加本次大学生创新创业训练计划项目，是团队成员第一次严格意义上的科研经历。在课题导师的安排下，团队成员在建设项目的同时也接受了导师的科研训练。四川外国语大学国际关系学院、西方语言文化学院（重庆非通用语学院）也为立项课题团队召开了研讨会，促进了交流学习，也带动了院际间更大范围的师生科研互动。

（一）基础研究

在项目的基础研究阶段，团队成员在指导教师的带领下，专注于培养团队内的跨学科合作能力，以确保团队成员能够提出新颖的研究构想并深入探讨其可行性。

这一研究阶段的核心重点是知识的广泛积累和整合，旨在确保团队成员具备收集中国—匈牙利人文交流和领事保护领域的历史、理论基础以及相关国际关系文献和多媒体资料的能力。同时，也通过对匈牙利等其他中东欧国家的实地考察调研以及对相关教授学者进行采访获得一手数据与资料。这些信息的汇总不仅有助于团队建立坚实的理论基础，还为项目提供了必要的素材。在这一过程中，团队成员积极接触大量领事保护案例，建立了“中国—匈牙利人文交流案例库”。

同时，为将抽象的理论观点转化为更易被理解的形式，在老师的指导下，决定采用案例研究方法。为确定具体的案例，项目初期阶段召开了多次团队会议，以明确研究的方向和重点。经过多次研讨，团队成员对研究方向不断进行完善和调整，最终确定了 2 个大类11个研究主题。

人文交流类：

1.交通：早期中匈人文交流代表人物及其交通方式述略。

2.文化：余泽民与匈牙利文化贡献奖。

3.音乐：中匈联合出品《微笑王国》带来文化与美的交流。

4.商会：匈牙利华侨华人企业商会。

5.中医药：匈牙利中医药发展概况及其启示。

6.友好城市：浙江宁波与匈牙利友好城市维斯普雷姆。

领事保护类：

7.护照与签证：中国公民赴匈签证的历史变迁述略。

8.领保联络员：领保联络员与旅匈工作公民的领事保护与协助。

9.海外务工：中国驻匈海外企业员工的领保协助概况。

10.海外留学：领事保护为赴匈中国留学生避险护航。

11.海外旅游：布达佩斯多瑙河上的惨案。

（二）项目创建

得益于前期积累的丰富经验，团队成员对项目核心理念已有透彻认知。因而，团队严格遵循从现实到理论的研究方向，收集中国和匈牙利人文交流、领事保护相关资料，强化对主题的认知，并以此为据确定和提炼研究案例与对象。阅读概念类、理论类、人文交流类著作与案例，梳理出符合逻辑的研究线索，从而规划研究路径。在恰当的时间与资金安排框架下，着力强调文献研究、案例研究等多种研究方法的综合使用和研究成果的输出。

此外，除申报书既定规划外，为确保项目后期实践的顺利展开，丰富项目原材料的多元化与全面性，团队成员还不断扩充备选案例库，形成人文交流类、领事保护类两个大类，十余万字的案例集，支撑进一步研究。

（三）核心实践

本项目的核心实践为：在指导老师的指导下，团队成员参与《中国—匈牙利人文交流案例集》一书的编写。在进行案例编写时，团队成员基于项目初期的调研发现，尽管“领事保护”同海外中国公民关系密切，但实际上民众对其非常陌生。因此，如何通过更为活泼、生动和更易理解的方式将“领事保护”这一抽象概念具体化，并成功传递到读者的脑海中，是项目成员在选取案例主题和编写案例时最为关注的一个点。基于这一考虑，成员在进行案例编写时尽量选取在海外的中国公民最常接触到的事例，如旅游、文化、交通等，并将该书分为两大篇章，即人文交流类和领事保护类。

《中国—匈牙利人文交流案例集》	
第一编	人文交流类
第二编	领事保护类

第一编“人文交流类”包括交通、文化、音乐、商会、中医药和友好城市6个主题。这一篇章旨在通过民众日常生活中熟悉的话题，引导读者更好地理解“领事保护”这一相对陌生的概念，整体的研究结构如下：

第一编：人文交流类	
交通	早期中匈人文交流代表人物及其交通方式述略
文化	余泽民与匈牙利文化贡献奖
音乐	中匈联合出品《微笑王国》带来文化与美的交流

续表

第一编：人文交流类	
商会	匈牙利华侨华人企业商会
中医药	匈牙利中医药发展概况及其启示
友好城市	浙江宁波与匈牙利友好城市维斯普雷姆

第二编“领事保护类”选取的案例则更为直观地向读者介绍“领事保护”工作的具体内容。如果说第一编让读者意识到原来“领事保护”存在于各个方面，那么第二编就是更为深入和专业地向读者介绍领事保护是什么、提供哪些服务。第二编包含的案例如下：

第二编：领事保护类	
护照与签证	中国公民赴匈签证的历史变迁述略
海外务工	中国驻匈海外企业员工的领保协助概况
领保联络员	领保联络员与旅匈工作公民的领事保护与协助
海外留学	领事保护为赴匈中国留学生避险护航
海外旅游	布达佩斯多瑙河上的惨案

为了使案例集更加实用，并充分发挥团队“跨专业”这一特点，团队成员在案例分析框架搭建时充分考虑了匈牙利语这一因素，并最终形成四大部分：匈语欣赏、匈语词汇、案例概述和案例拓展。其中，匈语欣赏和匈语词汇部分收录了部分生活中高频使用的匈语词汇，为有意向前往匈牙利旅游、留学或工作的读者提供接触和了解匈牙利语的机会。

案例概述和案例拓展部分则是写作的核心内容，如何将案例集编写得更加具有实用性是团队成员面临的重大挑战之一。为了让读者了解案例之外的相关领事保护工作的内容，项目成员选择充分丰富“案例拓展”这一部分，为读者讲解案例所涉及的背景和相关领事保护知识。例如，我们引入了“一带一路”倡议下中匈关系的发展、商会和企业类型的定义与作用等内容，这些拓展信息将案例与更广泛的领事保护领域联系起来。下表选取了部分小节的具体案例拓展内容：

<table>
<tr><th colspan="2">案例主题</th><th>案例名称</th><th>案例拓展</th></tr>
<tr><td rowspan="7">第一编
人文交流类</td><td rowspan="3">交通</td><td rowspan="3">早期中匈人文交流代表人物及其交通方式述略</td><td>“一带一路”下的中匈间关系发展</td></tr>
<tr><td>“一带一路”下的中匈间人文交流方式变迁（中国—匈牙利直飞航线）</td></tr>
<tr><td>新时代中匈间交流方式及展望（中欧班列）</td></tr>
<tr><td rowspan="4">商会</td><td rowspan="4">匈牙利华侨华人企业商会</td><td>侨团的定义、作用与类型</td></tr>
<tr><td>侨领的定义与作用</td></tr>
<tr><td>商会的定义、作用与在匈商会的类型及联系方式</td></tr>
<tr><td>在匈主要企业类型及匈牙利优势行业</td></tr>
<tr><td rowspan="4">第二编
领事保护类</td><td rowspan="2">护照与签证</td><td rowspan="2">中国公民赴匈签证的历史变迁述略</td><td>护照的类型与申请</td></tr>
<tr><td>申根签证的定义与申请</td></tr>
<tr><td rowspan="2">领保联络员</td><td rowspan="2">领保联络员与旅匈工作公民的领事保护与协助</td><td>领保联络员制度</td></tr>
<tr><td>在匈领保联络员名单及联络方式</td></tr>
</table>

从示例的案例拓展可以发现，团队成员在拓展内容的选取上，尽量选择贴近生活、符合实际的相关知识内容，并不是单纯的理论的堆砌。这种结构的设计使案例集更具实用性，既为读者提供更为广泛全面的信息，也有助于推广“领事保护”相关知识，同时增强了案例集的学术价值。

四、项目结项

（一）结题报告

1. 基本情况*

项目名称	中国—匈牙利人文交流案例中的领事保护研究		
成果形式	论文/图书/奖项	立项时间	2019年5月15日
完成时间	2020年5月20日	鉴定时间	2020年5月25日

* 申报书隐去了涉及个人隐私的信息。

续表

项目名称		中国—匈牙利人文交流案例中的领事保护研究				
项目主要研究人员	序号	姓名	学号	专业	所在学院	项目分工
	1	孙晨		外交学	国际关系学院	整体统筹
	2	陈虹希		外交学	国际关系学院	资料收集
	3	肖博文		匈牙利语	西方语言文化学院	数据整合
	4	雷仁芮		匈牙利语	西方语言文化学院	深度分析
	5	周昱彤		英语	英语学院	对策制定

2. 研究过程简介

（一）团队成员分工和合作情况

姓名	项目中的分工
孙晨	统筹项目，对项目进度、项目调研进行总体计划，协调项目成员之间的关系
陈虹希	主要负责多元资料收集工作，广泛收集国内外已有的研究资料，为项目提供多元资料
肖博文	主要承担资料有机整合工作，以独特宏观视角，整合已收集的各项数据资料，为项目整合建立多元信息数据库
雷仁芮	主要负责以独特视角剖析相关工作，利用已有多元信息数据库，深入剖析并汲取有益经验
周昱彤	主要负责科学方案产出相关工作，在前期已有研究成果基础上，着眼于现实需求，生成启示方案

（二）研究报告与研究日记的完整性

准备阶段：小组成员集体学习如何撰写申报书，并确定研究整体思路、大体方向和研究视角。将学到的申报书写作技巧付诸实践，开始申报书写作；同时，收集与研究相关的素材并进行分类、筛选。

资料收集阶段：深度分析收集到的资料，找到资料的共同点和不足之处，结合理论知识构建研究的初步框架。同时，对匈牙利等中东欧国家进行实地走访调研和对相关人士、教授学者进行采访，对理论框架做进一步修改与完善。

撰写阶段：对资料进行有机整合与分析，对研究框架进行打磨，逐渐完善框架并进行案例报告的书写。基于先前的研究成果，撰写研究专题报告、学术论文，并进行修改和整理，最终形成了较为完善的研究成果。

应用阶段：将研究所得成果进行由浅至深、由表及里的尝试，进课堂、入校园、进社会，为中国—中东欧国家发展建言献策，贡献力量。

（三）创新特色、实践意义和社会影响

本研究以中国与匈牙利人文交流为出发点，理论联系实际，在以往研究的基础上从专业角度展开讨论，主要创新点、实践意义及影响包括：

（1）创新特色

一支跨学科的研究团队。本项目研究团队创新并完美地将语言、国际关系以及领侨相关专业人员相结合，实现跨院系、跨学科合作。

全面创新的研究视角。通过中国—匈牙利人文交流这一线索，将“中国—中东欧国家关系”、“中国—匈牙利的关系”、“领事保护”国际人文交流等不同研究主题串联起来，以当前政策目标为指导，充分结合领事保护等相关专业知识，为现实领事保护工作提供专业性、科学性建议。

实地调研法和比较研究法相结合。基于中国—中东欧国家合作（“16+1”合作）机制的大背景框架，团队选取“中国—匈牙利”这一组联系作为研究对象，先以专题为导向，通过实地调研进行不同专题的相关案例的收集，而后以时间为导向，对收集到的案例进行分类归纳。比较研究法则提供了一个系统科学的分析框架，利用这一研究框架，对收集到的案例资料进行深度比较分析，全方面多角度地探寻领事保护工作实践经验。

多元化的研究资料的积累。传统文献资料同多形式的多媒体资料共同成为本项目的研究资料。文字、图片、影音等各种形式的资料为研究成果的呈现提供更丰富的维度。

研究成果理论性与实践性兼备。项目团队不仅形成了一系列学术相关的论文、图书成果，如《中匈交流大事年表》《中匈人文交流案例集》，还编写了通俗易懂的科普手册，包括《中国—匈牙利领侨指南》《匈牙利概况知识手册》，让没有相关专业知识的普通民众也可以了解并掌握一些简单的领事侨务工作知识。

（2）实践意义与社会影响

补充中匈关系研究中的领事保护领域研究，推动中匈关系进一步发展。2019年正值中匈建交70周年之际，中匈两国友谊源远流长。自2015年6月中匈两国签署共建“一带一路”政府间谅解备忘录以来，中匈关系更是愈加紧密。在中匈关系的研究上，过往大多数的学者将研究方向聚焦在政治、经济交往上，而本研究则聚焦于旅游、教育、文化等人文交流领域，并对中匈领事保护工作进行梳理，通过实地调研、案例归纳等方法，在一定程度上弥补当下中匈领事保护领域研究的不足，并为解决中匈领事供需矛盾提供具有普遍适用意义的领事保护启示，推动中匈关系的进一步发展。

探索中匈未来合作发展，推动中匈间人文交流的发展。本研究从人文交流视角出发，通过对各领域中匈间交流的典型案例的收集、梳理和归纳，基于匈牙利社会、经济、文化等发展现状，联系中国国情，对中匈间已存在或待开发的合作交流领域进行探索，为中匈未来合作领域多元深化发展提供建议，推动中匈间人文交流领域的发展；更是借此课题以期积极促进新时代“一带一路”倡议、中国—中东欧国家合作（“16+1”合作）等国家战略的实施，探索并落实习近平外交思想与人类命运共同体理论。

（四）学术成果及获得专利情况

（1）学术性成果

《中国—匈牙利人文交流案例集》

《多模态编辑的先驱—〈生活〉的编辑特色分析》

（2）实用性成果

《中国—匈牙利领侨指南》

《匈牙利概况知识手册》

（五）研究过程中财务执行情况

本研究严格执行了项目预算，具体而言，项目经费的使用分为以下几个关键领域，以确保项目能够深入展开。

首先，项目成员着重于建立坚实的理论基础。基于这一目标，项目经费被用于购买相关图书和研究资料，以便成员充分理解国际人文交流、领事保护工作的历史、理论和背景。

其次，项目成员积极与领域内的专家进行合作和咨询。专家的意见和建议有助于确保研究在理论上和实践中都具有高度的可行性。

此外，项目调研是不可或缺的一部分。为了深入了解领事保护工作的实际情况，项目需要资金来支持调研活动，包括差旅费用和实地考察的开支。这有助于将研究从理论层面推进到具体实践中，获取有关领事保护工作的实际经验和案例。

最后，项目还需要资金支付相关劳务费用，以雇用专门的人员来协助收集和整理资料，确保研究的全面性和深度。

3. 研究总结报告

（一）预定计划执行情况

纵观国内外研究现状可知，本项目的相关文献可划为中国—匈牙利、中国—中东欧国家人文交流研究以及领事保护研究三大板块。第一板块可通过两个角度解读：一方面，从中国国内的视角出发，中国的部分城市和地区与匈牙利城市建立友好关系，并促进推动经济、人文交流发展；另一方面，从匈牙利视角出发，将匈牙利外交事务中与中国的国际交流作为探讨对象展开研究，此部分所涉文献较少，一手资料难以收集。第二板块与第一板块结构相似，由于中东欧十六国在发展程度和对外开放程度上各不相同且差距较大，所以难以全面概括。第三板块实用性较高，对两国政治、经济、文化等方面的交流都有涉及，但需要的资料数量较大，资料来源较为贫乏。总体来说，三大板块内容关联程度高，但实际结合与运用存在一定困难。

（二）项目研究和实施情况

在为期一年的项目研究中，我们大致分成了三个阶段来进行：提出想法并探讨可行性，收集原文资料进行案例写作，实地考察并检查案例的完整性。项目之初，我们召开了数次成员会议，确定了收集案例的方向，如领事保护、人文交流、商业合作等，经过指导教师的完善后，我们确定了11个关于中国—匈牙利关系的案例方向；中期则是根据各自所选的方向收集资料，并进行案例写作，项目组的两名成员前往匈牙利，在当地的书刊、典籍中收集相关的匈牙利语资料；后期，案例写作完成后，项目组重新聚集进行分享与案例检查，确保数据无误，无疏漏之处。

（三）研究工作中取得的主要成绩和收获

（1）主要成绩

团队集体荣誉	
第十三届全国大学生创新创业年会：省级学术成果推荐交流项目	
2019年国家级大学生创新创业训练计划：一等结题	
国家级个人荣誉	
雷仁芮	2019年国际区域问题研究及外语高层次人才培养项目奖学金
孙晨	2023年国际区域问题研究及外语高层次人才培养项目奖学金
肖博文	2020—2021年鲍洛希·巴林匈牙利语言与研究奖学金
孙晨	第十三届全国大学生外交外事礼仪大赛三等奖
陈虹希	第一届全国大学生模拟金砖国家会议最佳记者奖
肖博文	2019年中国与中东欧国家青年人文知识竞赛优秀奖
雷仁芮	2019年全国大学生英语竞赛三等奖
孙晨	第一届全国大学生模拟金砖国家会议杰出主席奖
省市校级个人荣誉	
孙晨	第一届西部地区模拟外交谈判大赛优秀主席奖
陈虹希	第一届暨南大学“领事与侨务”国际政治本科生论坛三等奖
孙晨	第一届四川外国语大学国际组织人才夏令营优秀学生导师
孙晨	四川外国语大学创新能力提升先进个人

（2）中匈人文交流案例集。研究主要以匈牙利与中国的交流为切入点，通过网络、图书、影音资料等多元方式的收集，共计形成15万余字案例集，包括历史或当代中匈人文交流的相关案例，并将其归类为友好城市类、商业往来类、艺术人文往来类、旅游类等，每类中提取出一个代表案例，包括研究对象，结合领事与侨务相关理论提取知识点，形成案例分析。

（3）中匈交流大事年表。通过收集匈牙利与中国交流的历史文献、影音等相关资料（主要为新中国成立后），对其进行系统归纳梳理，形成中匈交流大事年表。

（四）研究工作有哪些不足

根据现有国内外研究梳理情况，项目组成员发现当前研究存在以下问题：

视角局限。大多数涉及匈牙利及其他中东欧国家的文献都将重点放在国家之间的政治、经济交流上，对于旅游、教育、科技、体育等人文交流研究不多，缺乏对国际关系及领事保护的研究。

时段集中。中匈建交70周年以来，受建交初期两国经济水平和交流政策的限制，可供使用的史料有限，大部分用于研究的史料来自20世纪90年代后，造成时段过于集中等问题，导致无法纵观中匈两国关系的发展过程。

资料薄弱。在“一带一路”倡议提出以前，匈牙利与中国的交流较现在而言相对没那么密切，加之匈牙利语在中国普及程度不高，所以，从双方国家的视角收集资料难度大，尤其是收集匈牙利语原著的一手资料比较困难。

（五）尚需深入研究的问题

（1）本项目研究视角较为局限。大多数文献主要从历史学等角度出发，分析中匈两国人文交流的案例，但鲜有中匈领事保护工作研究可供参考。因此，从中匈领事保护角度出发，还需更多实际和具体的案例做后续研究。

（2）个别章节提出的实用性建议较少。在文化交流的章节中主要列举了中匈近年来比较重要的人文交流案例，但并未对如何更加有效地进行人文交流提供实质性的建议，因此，还需要深入研究如何促进两国人文交流的具体方法。

（六）研究工作中的困难、问题及建议

（1）研究工作中的困难与解决方案

第一，中匈关系前人研究视角局限。针对目前对中国和匈牙利之间交往的研究多从历史学等视角出发，研究视角局限的问题，本项目创造性地将其同领侨理论结合，在“一带一路”倡议和中国—中东欧国家合作（“16+1”合作）机制的新时代背景下，通过在匈牙利进行实地调研和收集在匈相关华人华侨案例，进行结合性研究。

第二，中匈关系现有研究方法薄弱。针对目前对中国—匈牙利研究视角局限及资料单一，与现实脱节的问题，采用实地调研法，收集以中匈人文交流案例为主体、与现实紧密相关的多元资料；引入比较研究法，对资料进行比较，提出有利经验，使研究与现实对接，更具科学性。

第三，中国在匈领保服务供需矛盾。针对当前研究中紧急避险建议过于普遍的问题，综合前期研究成果，开发、设计出有实用价值，又专门针对中匈两国之间的海外机构和人员的风险规避方案。

（2）研究工作中的问题建议

针对文献专著较为缺乏的问题，我们系统地梳理资料，并在查找原有资料的同时，通过对匈牙利的实地调研，对匈牙利华侨等相关人员进行采访，提升资料的丰富度与逻辑性。

对于研究视角较为局限的问题，我们通过学习，进行中国—匈牙利领事保护研究，同时借助国际关系学院与重庆非通用语种学院的资源支持以及指导教师的帮助来解决这一问题。

4.经费使用情况

开支科目	预算经费	主要用途
图书资料费		购买项目相关图书的费用
专家咨询费		咨询与项目相关的学者、机构所需的费用
调研差旅费		项目调研所需的交通、食宿费用
劳务费		项目进行所需雇请的相关人员协助收集资料的报酬
文本印刷费		印刷项目所需文本资料的费用
合计		整体科研项目的实施

（二）成果展示

1.中匈人文交流案例集

以匈牙利与中国的交流为切入点，发掘历史及当代案例，进行领事保护研究，形成中匈人文交流案例集。

作者	案例内容与分类
人文交流篇	
孙 晨 陈虹希 肖博文 雷仁芮	1.交通：早期中匈人文交流代表人物及其交通方式述略 2.文化：余泽民与匈牙利文化贡献奖 3.音乐：中匈联合出品《微笑王国》带来文化与美的交流 4.商会：匈牙利华侨华人企业商会 5.中医药：匈牙利中医药发展概况及其启示 6.友好城市：浙江宁波与匈牙利友好城市维斯普雷姆
领事保护类	
陈虹希 周昱彤 雷仁芮	7.护照与签证：中国公民赴匈签证的历史变迁述略 8.领保联络员：领保联络员与旅匈工作公民的领事保护与协助 9.海外务工：中国驻匈海外企业员工的领保协助概况 10.海外留学：领事保护为赴匈中国留学生避险护航 11.海外旅游：布达佩斯多瑙河上的惨案

2.《领事与侨务：案例与理论》

本书以案例、理论和实践为结构体系，系统讲解了领事与侨务的理论知识、历史发展和工作实践。每节内容包含案例导入、知识理论、情景体验、本节小结和推荐材料五个部分。案例故事导入主题，知识理论剖析案例，情景体验巩固知识，本节小结复习要点，推荐材料拓展视野。书中包含大量的案例和理论，既可以作为课堂教学的教材用书，也可以作为社会大众的科普读物。

五、后续发展

本项目形成了四项成果，但因种种限制，未能获得进一步的巩固与发展。对于当时处于本科生阶段的团队成员而言，这次经历仍旧是一次成功的科研训练。在课题导师的指导下，团队勇敢地尝试了量化研究的方法，也初步尝试探索了外交学、公共政策、商科等学科交叉领域，打开了更广阔的知识领域，奠定了知识积累、思维锻炼和写作训练基础，对日后的科研和职场发展产生了深远影响。

本项目也是一次宝贵的体验研究工作的机会，团队成员感受到研究工作的不易与挑战。在研究过程中，团队成员锻炼了团队协调能力和信息收集能力，促使成员不断地提高解决问题和应对压力的能力。

总体来说，在项目推进过程中，尽管面临诸多挑战，但是团队成员仍积极尝试、勇于克服。本项目切实为团队成员提供了一次宝贵的学术锻炼机会，也对团队成员未来的学术和职业道路的选择产生了巨大影响。

六、团队档案

姓名	孙晨	在校信息	四川外国语大学国际关系学院2017届毕业生外交学专业
毕业流向	毕业后赴华中师范大学政治与国际关系学院攻读国际政治硕士		
姓名	陈虹希	在校信息	四川外国语大学国际关系学院2017届毕业生外交学专业
毕业流向	毕业后赴伦敦国王学院战争学系攻读战争研究硕士		
姓名	雷仁芮	在校信息	四川外国语大学西方语言文化学院2017届毕业生匈牙利语专业
毕业流向	毕业后赴布达佩斯商学院攻读国际经济与商务硕士		
姓名	肖博文	在校信息	四川外国语大学西方语言文化学院2017届毕业生匈牙利语专业
毕业流向	毕业后赴上海外国语大学攻读法律硕士		
姓名	周昱彤	在校信息	四川外国语大学英语学院2017届毕业生英语专业
毕业流向	毕业后赴加拿大罗伯森学院攻读金融硕士		

七、经验总结

（一）主持人总结

《中国—匈牙利人文交流案例中的领事保护研究》作为初次尝试的社科研究项目，虽然研究过程、研究内容甚至是研究成果存在诸多不足与待改进之处，但这段经历依然弥足珍贵，令人收获颇丰。

一是在学术能力层面。作为学术小白，首次尝试并获批国家级项目，而后又获得一等结项并于国创年会推荐交流，这是极大的鼓舞。通过项目，我们初步掌握了系统研究与分析的能力，特别是对文献、多媒体资料进行案例化研究与分析，极大锻炼了成员的信息分析能力。这些技能不仅对日后的学术实践有一定帮助，也为成员未来职业和生活提供经验。

二是在团队合作层面。由于团队成员的多语种、跨学科背景，如何统筹不同语言、不同专业间的差异，并处理好其与整体项目推进的关系，是摆在项目主持人面前的一大难点。此次经历也让项目主持人更加了解应当如何进行跨学科的团队合作，倾听不同观点、协调共同目标以及如何有效沟通。

三是在未来选择层面。通过此次项目，让成员对科学研究产生了极大的兴趣，也更加明确了人生选择的方向，不难看出，五位项目成员都选择了继续深造。可以说正是这次实践机会，激发并增强了成员在科研上的兴趣和信心。

——项目主持人：孙晨、陈虹希

（二）成员感悟

本项目是我在大学四年生涯里参加的第一个也是唯一一个课题研究，撰写案例、收集数据、团队讨论等都是全新的体验。在研究中，我们的逐步探索如抽丝剥茧，由浅入深地解读每一个人文交流案例里的领事保护元素。通过此项目，我真正理解到人文交流并不只是文化的碰撞，其中更隐含着外交、经济、政治等因素。

我学到了许多有用的研究方法，让我目前硕士的学习也备受增益。中国和匈牙利正处在关系上行的阶段，我也很荣幸能参与到本项目中，希望学成以后能够运用我的专业知识和语言能力，在两国的外交事务中添砖加瓦，促进更加紧密的经贸、文化往来，助力两国共同繁荣。

——项目成员：雷仁芮

参与本项目缘于对学术课题研究的兴趣以及在本科阶段尝试更多可能的想法，收获颇多。

国际关系理论以及研究方法是我作为一个英语专业学生鲜少涉及的，整个自学过程对知识整合能力、逻辑思维能力、总结论证能力、“多任务”时间管理能力都是不小的挑战，也督促我时刻保持思考，以坚持探索的学术精神去发现更多未知。更重要的是，这次“破冰”式课题研究活动给了我今后无论是在学术研究，还是职业规划上从零开始的底气与能力。同样要感谢指导教师以及团队成员的沟通合作，使我对学术研究有了进一步的认知，在思维博弈与实践论证的过程中保持理性，在思维碰撞中拥有了更宽广的学术视野；也让我在完善课题研究的同时，不断地塑造、精进自身。直至现在，那段时光也依然勉励着我在前行道路上“不畏真理无穷，进一寸有一寸的欢喜”。

——项目成员：周昱彤

大学生创新创业训练计划与非通用语人才培养

——以《地方志视角下的巴西圣保罗州研究》为例

刘梦茹　程天囿[①]

一、选题缘起

“地方志视角下的巴西圣保罗州研究”[②]缘起本科二年级的大学生创新创业训练计划，得益于良好的团队合作和四川外国语大学西方语言文化学院、金砖国家研究院的大力支持，获得了2023年大学生创新创业训练计划的国家级项目立项，是一次对大学生创新创业与非通用语人才培养相结合的成功探索与尝试。

项目成员均来自四川外国语大学葡萄牙语专业，作为同专业的同学，协调性强和突出的葡语能力是优势。但同时，学科领域的单一，使得项目中多元化的研究成为挑战。

在前期准备过程中，项目成员集中学习了我国地方志学知识，积累了丰富的知识储备。随后，按照分工各自负责了项目中政治、经济、文化、历史、地理、社会、民族、宗教、家族、媒体10个研究领域的相关资料收集，形成了10万余字的知识图谱，并在项目指导教师的指导和帮助下开展各个领域的相关研究。课题的研究缘起正如申报书中所阐述的：

在2023年巴西总统卢拉就职的大背景下，中巴关系面临全新的可能性。作为

① 刘梦茹，四川外国语大学西方语言文化学院葡萄牙语教师。程天囿，四川外国语大学西方语言文化学院葡萄牙语专业在读本科生。

② “地方志视角下的巴西圣保罗州研究”，大学生创新创业训练计划项目，项目编号：202310650033G。

巴西的经济中心，圣保罗州扮演着不可替代的作用。国内对圣保罗州研究相对薄弱，具有较大的学术研究空间和市场应用价值。

本项目旨在通过中国地方志学研究视角，对巴西圣保罗州进行全方位研究和分析，形成对该州的完整解读和介绍，为我国智库、企业及其他机构开展对巴研究、投资、交流等工作提供资料信息支持。以地方志学的方法对圣保罗州进行研究，有助于拓展我国区域国别的研究路径，推动我国区域国别研究的发展。

二、项目申报

国家级大学生创新训练计划项目申报书*

<table>
<tr><td colspan="2">项目名称</td><td colspan="5">地方志视角下的巴西圣保罗州研究</td></tr>
<tr><td colspan="2">项目起止时间</td><td colspan="5">2023年3月至2024年6月</td></tr>
<tr><td rowspan="2">负责人</td><td>姓名</td><td>年级</td><td>学院</td><td>学号</td><td>联系电话</td><td>E-mail</td></tr>
<tr><td></td><td></td><td></td><td></td><td></td><td></td></tr>
<tr><td rowspan="4">项目组成员</td><td></td><td></td><td></td><td></td><td></td><td></td></tr>
<tr><td></td><td></td><td></td><td></td><td></td><td></td></tr>
<tr><td></td><td></td><td></td><td></td><td></td><td></td></tr>
<tr><td></td><td></td><td></td><td></td><td></td><td></td></tr>
<tr><td rowspan="3">指导教师</td><td>姓名</td><td colspan="3"></td><td>职务/职称</td><td></td></tr>
<tr><td>所在单位</td><td colspan="5"></td></tr>
<tr><td>联系电话</td><td colspan="3"></td><td>E-mail</td><td></td></tr>
<tr><td colspan="7">指导教师对本项目的支持情况：
1.负责指导团队进行课题前期资料收集整理工作；
2.负责指导项目申报书的写作与修改；
3.负责项目后续实施过程中的监督与指导。</td></tr>
</table>

* 申报书隐去了涉及个人隐私的信息。

续表

一、项目简介（200字左右） 在2023年巴西新总统卢拉就职的大背景下，中巴关系面临全新的可能性。作为巴西的经济中心，圣保罗州扮演着不可替代的作用。国内对圣保罗州研究相对薄弱，具有较大的学术研究空间和市场应用价值。 本项目旨在通过中国地方志学研究视角，对巴西圣保罗州进行全方位研究和分析，形成对该州的完整解读和介绍，为我国智库、企业及其他机构开展对巴研究、投资、交流等工作提供资料信息支持。以方法对圣保罗州进行研究，有助于拓展我国区域国别的研究路径，推动我国区域国别研究的发展。
二、申请理由（包括自身/团队具备的知识、条件、特长、兴趣、前期准备等） （一）知识与条件 1.丰富的中国地方志知识 项目成员熟读《越绝书》《大元大一统志》等中国地方志代表著作，并详细阅读分析各省市方志馆所编志书，对方志学有一定了解。 2.完备的资料体系 项目成员长期从事巴西、圣保罗州、中巴关系热点新闻的追踪工作，并根据时间线索，将已有资料进行汇编，在相关领域拥有完备资料支撑。 3.丰富的巴西圣保罗州知识 项目成员大量阅读有关巴西圣保罗州的研究资料、州政府公告、《圣保罗页报》等，对该州有一定的了解。 4.交叉融合团队 项目负责人曾参与一流课程项目建设和金砖国家智库合作中方理事会网站建设，拥有较强的组织能力和经验，且在历史、政治、民族方面有一定的知识积累。团队成员曾参与《世贸组织下的金砖国家：巴西、俄罗斯、印度、中国和南非的比较贸易政策》书评与《巴西圣保罗州知识图谱》的撰写工作，具有文字功底，且在文化与传播、地理、经济方面有一定的知识积累。 5.较强的团队协作和执行力 项目成员曾多次合作，具有相当的团队默契，能够高效完成所分配任务，具有较高的执行力。成员依据个人兴趣爱好及特长，对《巴西圣保罗州知识图谱》里的历史、政治、地理、文化、经济、社会、民族、家族、宗教和媒体这10个方面进行了任务分配。 6.优秀的导师团队 （1）学术积累深厚 项目指导教师在区域国别研究、金砖国家领域研究多年，承担多项相关科研课题，已出版论著多部，拥有丰富的学生赛事指导经验，有效确保项目成员高质量、高水准地完成科研任务。 （2）交叉融合背景 项目指导教师的研究方向具有交叉融合性，配置合理，实力雄厚。注重知识结构与学术专长的搭配，满足了项目多学科交叉综合研究的需要。

续表

7.高层次科研平台

（1）学术实力雄厚

四川外国语大学金砖国家研究院为中联部金砖国家智库合作中方理事会副理事单位、教育部国别和区域研究备案中心、重庆市2011协同备案中心、厦门市金砖国家工业伙伴关系创新基地理事单位，已初步建成在国内金砖研究特定领域具有重要影响力的智库平台。相关平台将为本课题的推动提供坚强支撑。

（2）研究氛围浓厚

金砖国家研究院支持政策完善，馆藏图书丰富，资源条件优良，确保研究所需的硬件和软件条件的保障。平台组织科研活动丰富，科研效率高，对项目的推进有极强的带动作用。截至2022年3月，该研究院共获批国家社科基金课题5项、省部级纵向课题10余项，承担中央部委和重庆市相关部门横向委托课题近20项，发表学术论文50余篇，出版各类著作10余部，撰写各类智库专报40余份，被省部级以上党政部门采纳近10篇，举办各类学术会议10余场，开设金砖系列讲座20余次，派员代表中方参加金砖国家国际智库活动10人次，接待省部级领导现场视察10次。

（二）特长与兴趣

1.浓厚的研究兴趣和科研热情

项目成员借助网络，大量阅读葡语原文文献，从历史、政治、地理、文化、经济、社会、民族、家族、宗教和媒体这10个方面，建立起圣保罗州的立体知识体系。

2.良好的阅读和写作能力

项目成员阅读了大量书籍，提升了写作和表达能力，具有较强的文字把控能力，为《巴西圣保罗州知识图谱》《巴西圣保罗州地方志》的撰写提供了写作基础。

3.优秀的计算机应用能力

项目成员具有较强的网络信息搜集、资料汇编整理、文字排版编辑等计算机应用能力，为收集资料和汇编已有资料提供了技术基础。

4.扎实的葡语语言功底

项目成员是葡萄牙语专业学生，具备一定的葡萄牙语阅读、写作、听说能力，长期接受葡萄牙语教学，具备查阅、视听巴西圣保罗州原始资料的语言能力，能够高效率理解原文内容，扩充信息来源。

（三）项目前期准备

1.思考项目课题

项目成员发现，中巴合作前景广阔。1974年8月15日中国与巴西建立外交关系。1993年，两国建立战略伙伴关系。2012年，两国关系提升为全面战略伙伴关系。自建立外交关系以来，两国经贸关系不断升温：巴西是我国第九大贸易伙伴国，我国是巴西第一大贸易伙伴国。据中国海关统计，2022年中巴双边贸易额为1714.9亿美元，其中中方出口额619.7亿美元，进口额1095.2亿美元。中巴贸易额连续5年突破1000亿美元，中国连续14年成为巴西最大贸易伙伴。所以，以中巴双边关系作为研究方向具有较大学术和应用价值。

中巴关系持续紧密。圣保罗州作为巴西最大城市——圣保罗的所在州、我国在巴的最大利益关切方，目前国内对于该州研究较少。区域国别学和地方志学是我国新兴的和传统的学术领域，将二者相结合，新颖独特，具有较大创新性。

续表

综上，经过项目成员的多方考量与深入思索，最终确定以“地方志视角下的巴西圣保罗州研究”作为项目名称。

2.收集巴西圣保罗州资料

项目成员充分发挥语言优势，大量阅读巴西圣保罗州各领域葡语原文资料，系统整理相关资料，建立翔实的资料基础。

3.进行中国地方志学资料整理

项目成员大量阅读我国的地方志，整理提炼地方志框架、基本体系与知识点，通过建立中国地方志框架与圣保罗州具体情况的联系，构建巴西圣保罗州地方志目录体系。

主要参考文献：

⑴ 巴兆祥.论明代方志的数量与修志制度——兼答张升《明代地方志质疑》[J].中国地方志，2004（04）:43-49.

⑵ 巴兆祥，何沛东.中国地方志发展规律述略[J].中国地方志，2016（08）:30-39+63-64.

⑶ 陈泽泓.地方志功能析论[J].中国地方志，2014（04）:24-31+4.

⑷ 常建华. 试论中国地方志的社会史资料价值[J]. 中国社会历史评论，2006（0）:61-73.

⑸ 勾学海，杨艳平，金敏求. 东北地方志（1949年前旧志）收藏状况调查与校核目录[J].图书馆学研究，2004（08）:80-90+74.

⑹ 胡孝忠. 明清香山县地方志研究[D].山东大学，2011.

⑺ 李秋洪. 地方志的困境与创新[J]. 中国地方志，2012（01）:22-26+3.

⑻ 李晓方. 社会史视野下的地方志利用与研究述论[J]. 中国地方志，2011（07）:26-33+4.

⑼ 李晓方. 社会史视野下的地方志利用与研究述论[J]. 兰州学刊，2010（11）:191-195.

⑽ 李淑文，刘军，王淑梅. 中国古代地方志的著录[J]. 图书与情报，2002（03）:70-71.

⑾ 毛珏珺. 地方志信息化建设的发展[J]. 新疆地方志，2015（03）:60-64.

⑿ 乔俊. 地方志文化资源价值及开发利用研究[D].南京农业大学，2008.

⒀ 邵国秀. 甘肃省地方志考略[J]. 图书与情报，1994（01）:61-64.

⒁ 王德庆. 论传统地方志中“八景”资料的史料价值——以山西地方志为例[J]. 中国地方志，2007（10）:47-52.

⒂ 张小也. 地方志与地方史的建构——以清代《江夏县志》与民间文献《灵泉志》的对比为中心[J]. 清史研究，2012（03）:126-135.

⒃ 朱士嘉. 中国地方志浅说[J]. 文献，1979（01）:33-47.

4.参与《巴西知识图谱》编撰工作

根据已有资料完善巴西历史、地理、文化、社会、民族、家族、宗教、媒体、政治、经济、军事、外交等12个领域的数据信息。经过4次碰头研讨，小组成员对现有的《巴西知识图谱》内容进行归纳总结，对巴西概况有基本了解。小组成员定期讨论进度，完善资料，为《巴西圣保罗州知识图谱》提供信息与文字基础。

5.建立《巴西圣保罗州知识图谱》，研读国内外权威学术期刊相关论文

前期通过大量知识检索，整理收集巴西圣保罗州历史、地理、文化、社会、民族、家族、宗教、媒体、政治、经济等方面的数据。

续表

《巴西圣保罗州知识图谱》碰头研讨活动统计表

<table>
<tr><th>时间</th><th>内容</th><th>意义</th></tr>
<tr><td>2022年11月18日</td><td>讨论基本框架并提出问题</td><td rowspan="2">为《巴西圣保罗州知识图谱》的制作确定基本逻辑与框架</td></tr>
<tr><td>2022年11月29日</td><td>确定基本框架，分配板块制作任务</td></tr>
<tr><td>2022年12月10日</td><td rowspan="10">汇报制作进度，对工作内容进行总结，提出问题，对问题进行研讨并确定解决方案，持续完善研究体系，修改相关内容</td><td rowspan="10">《巴西圣保罗州知识图谱》内容基本确定，并持续更新，为后期地方志撰写工作提供了数据支持。同时，未能解决的问题也为后续的论文撰写提供研究方向</td></tr>
<tr><td>2023年1月9日</td></tr>
<tr><td>2023年1月18日</td></tr>
<tr><td>2023年2月6日</td></tr>
<tr><td>2023年2月19日</td></tr>
<tr><td>2023年2月28日</td></tr>
<tr><td>2023年3月8日</td></tr>
<tr><td>2023年3月14日</td></tr>
<tr><td>2023年3月22日</td></tr>
<tr><td>2023年4月1日</td></tr>
</table>

（四）项目价值

1.学术价值

本项目研究成果可以为后续研究丰富学术资源。近年来，随着“一带一路”倡议的提出与落实，我国与世界各国的往来日益密切。圣保罗州是巴西的经济中心，人口稠密，经济发达。同时，圣保罗州情况复杂，存在居高不下的犯罪率、贫富差距过大等问题。因此，圣保罗州具有极大的潜力和研究价值，但目前国内外对圣保罗州的研究并不充分，且没有以中国传统地方志为视角来研究圣保罗州的先例。

2. 应用价值

本项目研究成果可以为我国智库、企业及其他机构开展对巴研究、投资等工作提供资料信息支持。《巴西圣保罗州知识图谱》可以更加直观地展现圣保罗州的全貌，提供参考；研究论文和资料汇编可以为我国智库等其他机构以后开展对巴研究提供思路及信息支持。

三、项目方案

（一）基本思路

本课题旨在以中国地方志视角下的圣保罗州为切入点，探讨和形成对圣保罗州的完整知识体系。基于2023年巴西总统卢拉就职的大背景，中巴关系或将迎来“政经双热”，并产生更多的合作空间和机遇；圣保罗州作为巴西的经济中心，从国内外已有的研究来看，对其综合研究成果较少且相对薄弱。通过课题研究，可以为我国的政府、企业以及其他机构开展对巴交流、合作等提供资料支持，也有助于拓展我国区域国别研究的路径，推动我国区域国别研究发展。不仅如此，用中国历史学术传统进行区域国别研究，能够达到扩展学术空间的效果。基于上述考虑，课题组以“立足中国，走向世界”的路径对圣保罗州展开综合研究。

通过阅读大量相关政府、社会组织或机构葡萄牙语的原文资料，构建圣保罗州的全方位知识体系。课题组以文献资料的整理和分析为基础，形成了对圣保罗州历史、文化、社会、经济、政治、地理、民族、家族、宗教、媒体等方面的初步了解，并对上述各方面进行任务分配，将各自负责的板块进行信息数据的收集和整理。

续表

（1）深入挖掘其历史文化，正确认识其发展历程。圣保罗州从巴西东南部的一个小村庄发展成为今天的南美第一大城市，历经翻天覆地的变化。其独特的城市发展模式既可以为我国当代的城市发展提供借鉴，也可以使相关研究人员更深入理解圣保罗州的社会文化内涵，理解圣保罗州居民的社会行为习惯和文化价值。

（2）全面剖析其社会问题，宏观了解其社会状况。圣保罗州正面临着社会贫富差距大、居高不下的犯罪率、拥挤的交通、缺乏城市空间等问题。这主要是因为城市基础设施建设的速度无法与经济变化和城市扩张的脚步相匹配，社会隔离、社区种族隔离越发尖锐，滋生暴力种子、城市规划不合理等。圣保罗州亟须转变现状，以克服社会和物质方面的问题。

（3）密切跟踪其经济发展，总体归纳其经济模式。圣保罗州被称作“巴西的经济发动机”，特殊之处在于，它是拉丁美洲第一座真正意义上的生产型城市。因产业而行，凭产业而兴，吸收大量移民，凭借咖啡和橡胶推动了工业化的进程，在发展过程中建立起庞大的制造业和金融业。查阅相关文献资料，发现圣保罗州在过去的30年间，经济主体向服务和知识型迅速转变，发现全国五分之一的GDP出自圣保罗州。

（4）立体观测其山川地貌，多维研究其人地关系。圣保罗州位于巴西东南部，东、南濒临大西洋，西、北界巴拉那河及其支流格兰德河。虽地处南赤道附近，但因其地势较高，气候温和，有利于该地区农业的发展。事实上，圣保罗州是巴西的主要农牧业区，为巴西创造了极大的农业经济价值。

首先，正确认识圣保罗州的现实情况，有助于推动中巴合作机制走深走实，加强双方人文交流，扩大经贸往来，将双方优势结合起来，发挥合作的巨大潜力，提升发展动能，也可以为后续研究丰富学术资源。

其次，通过前期数据收集与整理，形成《巴西圣保罗州知识图谱》。自课题实施以来，项目组共进行了12次研讨，交流工作进度，持续完善相关内容，最终形成《巴西圣保罗州知识图谱》，初步建构起圣保罗州的立体认知体系：

（1）利用已有数据，进行信息分类。从阅读过的书籍文献、原文资料中提取关键信息并进行汇总，按照历史、文化、社会、经济、政治、地理、民族、家族、宗教、媒体10个方面进行分类。重点收集信息来源，为后续信息补充提供基础。

（2）按照逻辑顺序，建构基本体系。将已分类信息按照逻辑顺序进行梳理、编排，同时根据已有信息，思考不同板块内容重点，罗列《巴西圣保罗州知识图谱》基本目录框架。根据目录框架，将信息再次分类，建构《巴西圣保罗州知识图谱》基本体系。

最后，围绕《巴西圣保罗州知识图谱》，构建圣保罗州地方志目录框架。通过网络检索，在比较和借鉴中国传统地方志已有研究的基础上，结合圣保罗州的实际发展情况，针对其重点领域构建地方志目录。

（二）研究计划

第一步，文献资料收集和分析。在前期研究和阅读的基础上，进一步扩大文献资料储备，形成《巴西圣保罗州知识图谱》。

第二步，基于《巴西圣保罗州知识图谱》，撰写1—2篇学术论文。

第三步，最终形成一份涵盖巴西圣保罗州政治、经济、地理、文化、民族等方面的《巴西圣保罗州地方志》资料汇编。

续表

项目研究阶段表

研究阶段	时间节点	主要任务
准备阶段	2022年11月1日 —2023年3月15日	收集圣保罗州政治、民族、历史、文化、宗教、经济、媒体、家族、地理、社会等方面的文献资料，为圣保罗州研究积累前期知识
实施阶段	2023年3月15日 —2024年1月15日	基于前期信息数据的收集和整理，利用多学科交叉融合法等，构建《巴西圣保罗州知识图谱》，并撰写1—2篇学术论文
结题阶段	2024年1月15日 —2024年3月15日	对前期成果进行研讨，结合多种方法，以《巴西圣保罗州知识图谱》为基础，参照中国传统地方志框架，形成资料汇编

（三）阶段性成果

第一阶段：2023年3月15日至2023年6月15日

1.研究进展

本阶段，项目成员分别进行大量葡语原始资料阅读，建立《巴西圣保罗州知识图谱》基本框架，奠定研究的资料基础。

2.总结和展望

（1）本阶段奠定研究的资料基础。

（2）下一阶段的研究重点在基础资料的收集与整理方面，以便形成圣保罗州数据库，完成《巴西圣保罗州知识图谱》的制作。

3.成果呈现

完成《巴西圣保罗州知识图谱》基本框架。

第二阶段：2023年6月15日至2023年9月15日

1.研究进展

本阶段，项目成员完成基础资料的收集与整理，持续跟踪圣保罗州各领域的时事新闻，并根据基础资料进一步丰富《巴西圣保罗州知识图谱》。

2.总结和展望

（1）本阶段完成《巴西圣保罗州知识图谱》制作。

（2）下一阶段的研究重点为阅读中国古今优秀地方志作品，学习中国地方志的研究方法，进行圣保罗州地方志目录框架搭建与内容撰写。

3.成果呈现

完成《巴西圣保罗州知识图谱》制作。

第三阶段：2023年9月15日至2024年1月15日

1.研究进展

本阶段，项目成员根据前期准备工作，拟定研究方案和成果提纲。同时，继续进行圣保罗州时事动态追踪，持续更新《巴西圣保罗州知识图谱》，并开始地方志撰写工作；通过查阅原文资料、咨询专家等方式，纵向提高地方志内容深度与思维广度。

2.总结和展望

（1）本阶段将完成《巴西圣保罗州地方志》的目录框架与基础内容撰写。

（2）下一阶段的研究重点在撰著与完善研究成果方面，撰写《巴西圣保罗州地方志》《巴西圣保罗州知识图谱》，对时事追踪中的重点问题进行多维度研究，完成论文撰写，发表阶段性研究成果。

续表

3.成果呈现

完成《巴西圣保罗州地方志》的目录框架与基础内容撰写。

第四阶段：2024年1月15日至2024年3月15日

1.研究进展

本阶段，项目成员对《巴西圣保罗州地方志》与《巴西圣保罗州知识图谱》内容进行润色与统稿校对，进一步丰富其可读性和学理性。同时，完成1—2篇论文的撰写。

2.总结和展望

（1）本阶段完成了《巴西圣保罗州地方志》内容的撰写与润色，形成了对圣保罗州的完整知识体系，达到了预期效果。

（2）下一步将申请结题，联系成果出版。

3.成果呈现

以图书的形式出版《巴西圣保罗州地方志》。

（四）技术路线

按照构建框架→追踪时事→研究机理→呈现成果的思路展开研究。

首先，通过收集资料查阅文献，建构《巴西圣保罗州知识图谱》基本内容框架。

（1）以文献查阅法为基本研究方法，对圣保罗州的历史、地理、文化、社会、民族、家族、宗教、媒体、政治、经济、文化、宗教等12个方面进行信息收集和整理，搭建知识图谱框架。

（2）在收集信息以及对《巴西圣保罗州知识图谱》进行编辑的过程中，重点积累信息源，进一步深化成员对圣保罗州的全方位了解，提高成员数据收集与信息整合的能力，为研究圣保罗州提供资料基础。

（3）在对《巴西圣保罗州知识图谱》的完善过程中，进一步提高成员文字处理能力以及语言逻辑性，为撰写相关论文以及巴西圣保罗州资料汇编提供文字基础。

其次，对圣保罗州的时事动态进行追踪与分析，深化《巴西圣保罗州知识图谱》的内容，并探索研究问题。

（1）以案例分析法为主要研究方法，对圣保罗州时事新闻进行持续跟进与分类取舍，同时对其进行系统性、全面性分析。小组成员通过定期讨论分析事件起因、经过、结果，探究事件背后的深层原因，并从中国地方志出发，全方位剖析事件。

（2）在分析事件、探索深层原因的过程中，挖掘要探究的问题，实现案例的灵活运用与延伸。

（3）在全方位剖析事件的过程中，理解圣保罗州10个方面相互渗透、相互影响的关系。在现实事件中反思《巴西圣保罗州知识图谱》的信息结构和突出重点，进行知识扩充和内容深化。

再次，通过解析动态追踪中发现的问题，探讨事件发生的原因，撰写相关论文，同时深入研究地方志内涵与特性。

（1）运用比较研究法，多学科交叉融合，对圣保罗州的时事动态进行深入探讨，最终以论文形式呈现研究成果。

续表

（2）在研究过程中，整理提炼地方志基本体系与内涵，建立地方志框架基础，以此为视角，分析相关问题，研读国内外相关文献，并将研究问题与国内情况进行对比分析。

（3）多学科交叉融合，融合区域国别学、葡萄牙语、历史学、地理学和经济学等多个学科。多维度研究问题，完成论文撰写。

最后，汇总资料，编著《巴西圣保罗州地方志》，撰写论文，完善《巴西圣保罗州知识图谱》。

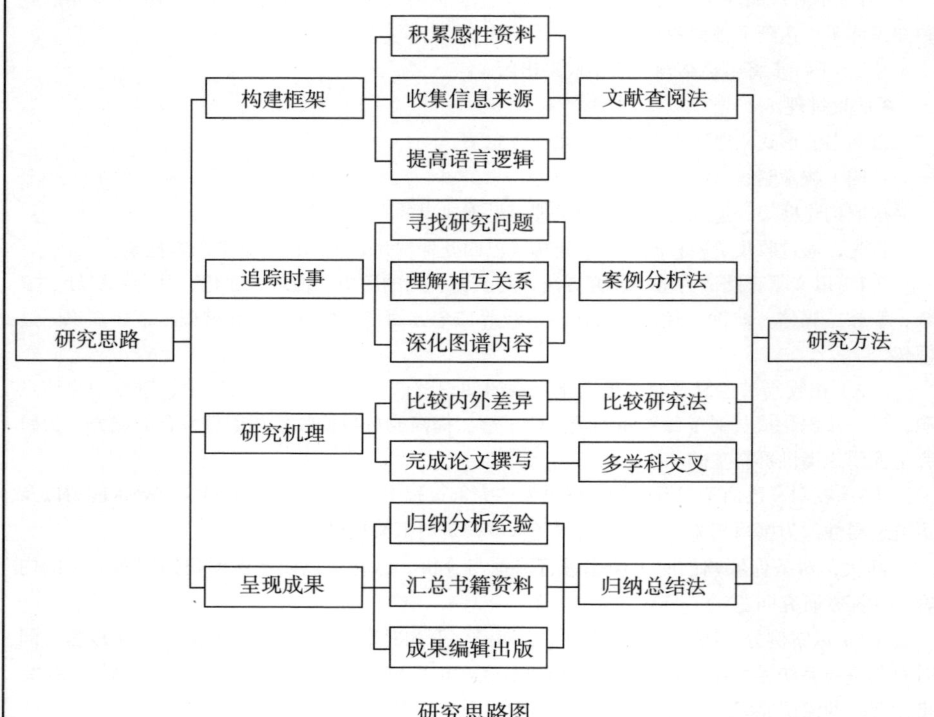

研究思路图

（五）人员分工

A同学主要负责圣保罗地方志中的政治、民族、历史板块的内容；

B同学主要负责圣保罗地方志中的媒体、文化、宗教板块的内容；

C同学主要负责圣保罗地方志中的经济、媒体、家族板块的内容；

D同学主要负责圣保罗地方志中的地理、政治、社会板块的内容。

四名成员都将进行大量葡萄牙语原始文献、资料的收集工作，构建各自负责板块的知识图谱，对各个板块的具体内容进行撰写。

续表

四、项目特色与创新点 1.研究视角独特 本项目以中国传统的地方志为研究视角，全面研究圣保罗州相关情况，突破了现有理论研究范式。区域国别研究，是本课题的一大特色与创新。地方志作为中国特有的传统历史资料性文献形式，更容易被接受与吸纳，对相关领域的研究具有极其重要的参考价值。除了关注传统的主体（圣保罗州）与客体（社会、文化、历史、家族等12个方面）的静态维度，还融入了时空演进动态维度，实时追踪，突破了传统区域联动研究视角局限。 2.研究内容创新 从国内外已有的研究来看，巴西圣保罗州综合研究的成果较少，拥有较大学术空间，且研究成果主要聚集在宏观层面，内容比较单一，缺少综合性研究。本项目基于地方志视角，首先围绕12个方面，对圣保罗州进行全面研究，并以《巴西圣保罗州知识图谱》的形式宏观展现研究成果。其次将研究过程中的典型事件在微观层面上进行深入分析，并以论文的形式呈现研究成果。最后将研究过程中研读的文献资料进行系统整合，分类汇总，形成15万字左右的资料汇编。本项目研究成果有望为两国各领域发展提供有力的研究基础。 3.学科交叉融合 本项目融合葡萄牙语、中国史与区域国别研究多学科理论方法，发挥语言人才的团队优势，全面系统地深入研究圣保罗州的地方特性，体现新文科建设理念与要求。
五、项目进度安排 （一）准备阶段：2022年11月1日至2023年3月15日 1.组建课题团队并分配研究任务，根据不同板块进行大量葡文原始资料阅读，建立《巴西圣保罗州知识图谱》基本框架，奠定研究的资料基础。 2.完成基础资料的收集与整理，持续跟踪巴西圣保罗州各领域新闻事件，并根据基础资料进一步丰富《巴西圣保罗州知识图谱》。 3.根据资料整理形成巴西圣保罗州数据库，完成《巴西圣保罗州知识图谱》制作。 4.项目成员重点阅读中国古今优秀地方志作品，研究中国地方志内涵与特性，进行《巴西圣保罗州地方志》目录框架搭建。 5.根据前期研究准备工作，拟定研究方案和成果提纲。 （二）实施阶段：2023年3月15日至2024年1月15日 1.梳理、完善课题前期研究成果，继续进行巴西圣保罗州时事动态追踪，持续更新《巴西圣保罗州知识图谱》内容，并开始地方志撰写工作。 2.通过查阅原文资料、咨询专家等方式，纵向提高地方志内容深度与思维广度。 3.完善研究成果的同时，撰写《巴西圣保罗州地方志》《巴西圣保罗州知识图谱》，对时事追踪中的重点问题进行多维度研究，完成论文撰写，发表阶段性研究成果。 （三）总结阶段：2024年1月15日至2024年3月15日 1.对《巴西圣保罗州地方志》与《巴西圣保罗州知识图谱》的内容进行润色与统稿校对，进一步丰富其可读性和学理性。 2.申请结题，联系成果出版。

续表

六、项目完成预期成果 （一）成果形式 1.形成一份全面涵盖圣保罗州各领域的《巴西圣保罗州知识图谱》。 2.形成涵盖圣保罗州政治、经济、地理、文化、民族等多维度，约15万字左右的《巴西圣保罗州地方志》。 3.撰写1—2篇有关圣保罗州的学术论文。 （二）使用去向及预期社会效益 1.为推动中国与巴西圣保罗州开展深层次合作提供理论支持。 2.形成一套科学、详细、全面的《巴西圣保罗州地方志》研究体系。 3.向政府相关机构报送决策咨询报告。

三、项目建设

参加本次大学生创新创业训练计划项目，是团队成员第一次严格意义上的科研经历。项目成员在指导老师的安排下，通过四川外国语大学金砖国家研究院的平台，参与了相关的科研活动，提高了科研能力和知识水平。同时作为金砖国家研究院、西方语言文化学院的合作研究项目，本项目的成功立项，带动了两院更多的科研项目的合作。

（一）准备阶段

在项目的准备阶段，团队成员在指导教师的带领下开始基本信息的收集，以保证有充足的基础资料。在这一阶段，我们主要完成了两项工作。

1.通过阅读我国地方志，项目成员掌握了开展地方志研究的基本方法。地方志大体分为两类：

（1）古代地方志著作；

（2）当代学者所撰的地方志。

在这一过程中，团队成员积极探索地方志写作模式，建立了对地方志文章的感性认知。通过阅读古代地方志著作，团队成员知晓了地方志写作的基本逻辑。阅读当代学者所撰的地方志，团队成员则学习到如何在现代经济学、社会学等学科理论下撰写地方志。

2.根据分工，项目成员各自收集了有关圣保罗州的文献资料，汇总成一份约10万字的知识图谱。具体内容分为以下三类：

（1）机构组织：政府部门、公共机构、社会组织、国际组织与机构等。

（2）学术研究：科研机构、高校机构、重要学者、学术期刊等。

（3）电子资源：数据库、影视资源等。

这些信息的汇总不仅有助于为团队打下坚实的信息基础，还为项目提供了必要且充足的素材。

（二）实施阶段

项目实施依托准备阶段累积的充足资料与知识储备。在实施过程中，团队遵循从理论到实践的研究方向，跟踪巴西圣保罗州各领域的动态信息并进行收集，以强化对地方志视角下的圣保罗州研究这一项目主题的认知，并据此着手撰写有关圣保罗州的地方志。团队成员通过阅读学术文章、经典著作、电子资料等，搭建地方志写作框架。在恰当的时间安排下，着力强调文献研究、案例研究等多种研究方法的综合使用和研究成果的产出。在实施阶段结束前，团队成员完成了《巴西圣保罗州地方志》一书的编写。

除申报书既定规划外，为确保项目后期实践的顺利展开，使项目原材料多元化与全面化，在地方志写作过程中，团队成员还不断扩充完善前期所形成的《巴西圣保罗州知识图谱》。

（三）总结阶段

总结阶段，进行《巴西圣保罗州地方志》案例编写时，团队成员基于项目初期的调研发现，尽管中国与巴西已经建成了全面战略伙伴关系，且圣保罗州又是巴西的经济中心，但实际上我国民众对巴西与圣保罗州的了解都相对缺乏，中文资料库中对圣保罗州的研究也相对较少。因此，如何通过更为活泼、生动和更易理解的方式将圣保罗州的情况具体化，为读者展现一个全面、客观的圣保罗州，是项目成员在选取案例主题和编写案例时关注的重点。基于这一因素，成员们在地方志写作时格外注意所用材料的真实性和写作内容的客观性。

（四）项目经费使用

小型办公用品费（1000元），资料购买费和打印费（1000元），差旅费（500元），总计2500元。

四、经验总结

（一）主持人总结

《地方志视角下的巴西圣保罗州研究》作为项目团队首次尝试的社科研究项目，尽管以现在的视角回望，该项目仍存在一定的不足与改进空间。但是，对一个刚刚踏入科研大门的团队来说，项目建设过程中的团队合作、学术思维和研究实践等，都弥足珍贵。

在团队合作方面，构建了良好的合作模式。本项目以产出一份《巴西圣保罗州地方志》为最终目的，研究涵盖了圣保罗州的各个维度。研究的复杂性要求项目成员必须达成良好的团队协作，面对项目中所包含的10个维度，成员们发挥特长，在各自擅长的领域进行研究。在项目建设阶段，团队成员每周都会举行碰头会，互相交流研究的进度和遇到的困难。

在学术思维方面，不同研究领域激发了我们浓厚的研究兴趣。《地方志视角下的巴西圣保罗州研究》项目所跨学科众多，既有葡萄牙语文学，也有成员没有涉猎过的区域国别学、地方志学等领域。通过对不同研究领域的学习探索，成员们逐渐挖掘了自己的研究兴趣点。

在研究实践方面，众多研究任务锻炼了成员的工作能力。本项目启动于2023年，正值大学二年级。彼时成员的研究经验并不丰富，仍待磨炼，本项目则为成员们提供了一次宝贵的学习机会。通过为期一年的研究，成员们不仅提高了对知识的检索、学习、归纳等能力，还提高了语言能力与写作能力。

对于项目主持人来说，该项目也提高了我的组织能力与领导能力。同时，也使得我的未来规划更加明确清晰，坚定了我的科研之路。

——项目主持人：程天囿

（二）成员感悟

参与《地方志视角下的巴西圣保罗州研究》项目，是我学生生涯中一次独特而深刻的体验。这不仅是一项探讨文化交流的研究，更是对人文交流背后多层次因素的深入挖掘。在这个过程中，我逐渐领悟到人文交流不仅仅是文化的交融，更涉及外交、经济、政治等多方面的元素。

这次挑战不仅让我接触到较少涉及的国际关系理论和研究方法，也在自学过程中锻炼了我的知识整合、逻辑思维和时间管理能力。非常感谢导师和团队成员的支持，使我能够在思维碰撞中不断成长，保持对学术的热情。

这段研究旅程不仅是对未知的探索，更是对自己能力的深刻认知。我由衷感激这次机会，不仅拓宽了我的学术视野，还在思考和实践中锻造了我坚持追求真理的决心。这次的经历将激励我在未来的道路上勇往直前，迎接更多学术和职业的挑战。

——项目成员：裴尹琦

这个项目促使我决定来到圣保罗进行交换，我深刻感受到这个充满活力的城市的独特魅力。探究人文交流的过程不仅是对文化融合的深刻理解，更是对社会层面各种元素的崭新认识。这个项目不仅仅是一次学术尝试，更是一次对圣保罗社会的实地洞察。团队协作的经历不仅锻炼了我们的协作技能，还为个人能力的提升提供了宝贵机会。在这个研究中，我感受到学术探索的乐趣，也对将来能够在跨文化交流中贡献一份力量充满期待。

——项目成员：谢小丽

本项目对我而言是一次富有挑战和启发的经历，也是我首次涉足区域国别研究的领域。在这个过程中，我深入了解了巴西圣保罗州，深掘这片土地的文化、宗教以及媒体发展。从数据的收集到地方志、知识图谱的撰写，每个环节都是崭新的体验，让我收获良多。

参与本项目让我更加体会到学术研究的复杂性。交叉学科的课题研究远不止于语言层面，它更要求我们具备一定的知识储备、信息收集与处理技能，以及文字写作能力等。

团队协作也使我受益匪浅。团队讨论中，我们共享了对巴西圣保罗州的见解，这不仅提高了我对该地区的认知，也扩大了我的思考角度。这种协作精神成为整个研究项目的推动力，使我们能够更全面地理解和解读地方志中的信息。

中国和巴西正处在一个关系上行的阶段，对此，身为一名葡萄牙语专业的学生，能参与这项研究，我深感荣幸。期待未来，随着专业知识和语言能力的不断提升，我能够在两国外交事务中发挥更加积极的作用，为促进更为紧密的经贸合作和文化往来贡献一份力量，助力两国共同繁荣。

——项目成员：常远

产学研一体化理念下小语种语料库开发

游雨频　刘欣瑶[①]

一、选题缘起

随着“一带一路”的发展，中国与其他国家的交流日益密切，国家间的贸易愈加频繁，国内对外语类人才的需求越来越旺盛。近年来，选择学习语言的人也越来越多，但我国仍缺少相应的对口外语人才。因此，为解决当下语言学习者面临的专业术语翻译资源匮乏、翻译不准确的窘境，项目小组从西班牙语这一语种做起，从实际的语言学习生活出发，设计出一款精准对接用户需求的、专业术语准确的，能用以帮助语言学习者更好、更高效、更全面地进行语言学习的语料库。

二、项目申报

2022年5月27日，四川外国语大学教务处印发《关于公布2022年校级大学生创新创业训练计划立项项目的通知》（教务处〔2022〕84号）。与课题导师达成指导合作意向后，项目负责人组建团队并正式着手课题申报工作。在课题导师的指导下，团队成员通过对国家社科基金、省市级社科项目申报文书的学习并结合本课题实际，形成课题研究建设框架。课题入选2022级大学生创新创业训练计划重

① 游雨频，四川外国语大学西方语言文化学院葡萄牙语教师。刘欣瑶，四川外国语大学西方语言文化学院葡萄牙语专业在读本科生。

点培育项目。

校级大学生创新训练计划项目申报书*

<table>
<tr><td colspan="2">项目名称</td><td colspan="7">产学研一体化理念下小语种语料库小程序开发</td></tr>
<tr><td colspan="2">所属学科</td><td colspan="7">语言学</td></tr>
<tr><td colspan="2">申请金额</td><td></td><td colspan="2">起止年月</td><td colspan="4">2021年11月至2022年11月</td></tr>
<tr><td colspan="2">主持人姓名</td><td>刘欣瑶</td><td>性别</td><td>女</td><td>民族</td><td></td><td>出生
年月</td><td></td></tr>
<tr><td colspan="2">学号</td><td></td><td colspan="2" rowspan="2">联系电话</td><td colspan="4"></td></tr>
<tr><td colspan="2">指导教师</td><td>游雨频、
许　劲</td><td colspan="4"></td></tr>
<tr><td colspan="2">主持人曾经参与科研的情况</td><td colspan="7"></td></tr>
<tr><td colspan="2">指导教师承担科研课题情况</td><td colspan="7"></td></tr>
<tr><td colspan="2">指导教师对本项目的指导情况</td><td colspan="7"></td></tr>
<tr><td rowspan="6">项目
组主
要成员</td><td>姓名</td><td>学号</td><td colspan="2">分工</td><td colspan="4">职能</td></tr>
<tr><td>刘欣瑶</td><td></td><td colspan="2">项目总负责人</td><td colspan="4">统筹规划项目进程、
项目撰写、项目实践</td></tr>
<tr><td>汤晶莹</td><td></td><td colspan="2">文料负责人</td><td colspan="4">审核语料、格式编排、
项目撰写、项目实践</td></tr>
<tr><td>陈小东</td><td></td><td colspan="2">市场负责人</td><td colspan="4">商业策划、财务会计、项目实践</td></tr>
<tr><td>田静宜</td><td></td><td colspan="2">宣媒负责人</td><td colspan="4">演示文稿制作、
项目实践、策划书撰写</td></tr>
<tr><td>颜石</td><td></td><td colspan="2">技术负责人</td><td colspan="4">线上平台建设，美工方面工作</td></tr>
</table>

* 申报书隐去了涉及个人隐私的信息。

续表

一、项目简介 项目小组将以四川外国语大学智慧教室的多语智能教学同传系统为技术支撑，以课堂教学和课下实践作为语料来源，在院系及学校的支持下建立重庆乃至中国内地首个专业性较强的小语种语料库（以西班牙语为例），并以微信小程序的形式投放市场，以知识付费的方式实现营利。 本语料库在传统语料库的基础上，增加了：（1）用户定制、定期更新、语言资源管理、语料库建设网络化等功能；（2）经贸、法律、医学等实时更新的术语库、热词库；（3）近反义词、词组短语、习语谚语、句式结构等丰富语料。 本项目预计在中后期阶段，由重庆外语高校牵头，积极寻求西南地区乃至全国高校、科研院所、企业的合作，产学研一体化共建小语种语料库。在促进重庆“智慧之城”建设的同时，助力培养“外语+经贸”“外语+法律”“外语+医学”等外语复合型人才，推动全国小语种学科建设及语言翻译人工智能的发展。
二、申请理由 1.时代背景 随着“一带一路”的发展，中国与其他国家的交流日益密切，国家间的贸易愈加频繁，国内对外语类人才的需求越来越旺盛。近年来，选择学习语言的人也越来越多，但我国仍缺少相应的对口外语人才，因此，为解决当下语言学习者面临的专业术语翻译资源匮乏、翻译不准确的窘境，项目小组将以西班牙语这一语种为例，从实际的语言学习生活出发，设计出一款能准确帮助语言学习者更好、更高效、更全面地进行语言学习的语料库，助力培养外语复合型人才，用小语种讲好中国故事。 2.团队优势 （1）团队协作能力强 团队在2021年组队成功后，多次进行会议讨论，并进行了实际的同传测试和市场调研。指导教师也通过线上、线下多种方式，对项目的预期目标、具体方案、进度安排等进行了详细的分析和指导。项目成员共同研究选题，更加明确了项目的可行性。 （2）团队成员能力出众 项目组成员来自不同专业，具有多学科背景知识，且具备参加有关项目的经验；此外，项组成员具备一定的语言专业知识和文字功底，具备小程序开发和图标设计的能力，具备商业策划、营销管理和财务会计等能力。
3.已有基础 四川外国语大学智慧教室具备包括西班牙语在内的较为完善的多语种智能教学同传系统，能够完成具有较高精准度的语音识别以及词库智能管理。 4.前期准备 指导老师及成员对项目的目标、内容、任务等进行多次商议，并对项目进行市场调研、对学校智慧教室同传系统进行深入研究。在了解语料库运营模式后，确认项目具有创新性、实践性和可行性，形成了完整的项目人员分工和进度安排。小组成员按项目申报书上的进度安排平稳推进项目，定期举行会议，适时总结经验，推动项目成果如期实现。

续表

三、项目方案

1.商业目标

（1）前期

第一，免费提供为期3个月语料资源。

第二，多途径宣传推广微信小程序。利用线上（QQ、微信、微博、抖音、B站）、线下（发传单、宣讲）等途径获得较高的访问量，积累一定的用户量，为中后期运营打下厚实的基础。

第三，提升用户使用率和留存率。其一，通过微信群聊入口：将小程序转发到微信聊天对话框，支持好友私聊和微信群分享，在社交场景中相互传播，形成多个入口；其二，通过主界面下拉菜单：下拉主界面，可以在较短的时间内，通过用户的记忆留存，获得高曝光，因此有极高的概率吸引用户再次进入；其三，通过搜索入口：微信的搜一搜功能不仅可以找个人号、公众号，还可以搜索小程序，输入相关关键词就能够找到相应的小程序；其四，通过模板消息：模板消息是让小程序做到进入即留存的武器。在用户进入这个小程序的一定时间内，小程序可以给客户发送模板消息，模板消息会在微信首页的聊天列表中展示，辨识度较高，触达用户的概率比一般的订阅号要高出很多。用户看到模板消息后，只需点击就可以再次进入小程序，可以起到让用户回流、促进二次消费的效果。这种操作方式，可以把线上线下的流量更好地转化为商户的有效数据，并且可以更好地管理和维护用户，提升用户黏度和留存率。

第四，开设积分系统，建立用户激励机制。用户可以通过每日打卡、分享语料库笔记、分享微信小程序、提交反馈意见等方式获取积分。积分将在后期用以购买术语库、热词库，兑换周年赠礼等。

（2）中期

第一，优化微信小程序功能。根据前期用户反馈，优化语料库以提供更细致全面的语料资源，提高语料准确度；修改可能存在的程序问题，提升用户体验。

第二，开设会员系统并增设收费内容。会员系统新增设用户定制（根据用户需求定制，开发其所需的专业领域热词库、术语库，比如有关商事仲裁的法律术语、有关医疗器械的医学术语，具体交付期限、价格可与微信小程序平台商议）、语料扩展、积分折扣、周年赠礼等会员专享权利；前期全部免费的语料资源进行部分收费，基础语料依旧免费，语料扩展部分进行收费；前期已经制作好的术语库、热词库（非会员定制库），普通用户和会员都可以通过积分或者付费的方式进行查阅。

第三，进一步市场分析和调研。明确目标市场方向和市场定位，进一步扩大市场，保证市场占有率。

第四，广泛寻求与高等院校、科研院所等的合作。项目组将积极寻求重庆市内外高校和科研院所的合作。

（3）后期

第一，继续扩大辐射影响力。在获得一定经济收益后，寻求与企业合作；加大宣传，扩展用户群体。

续表

第二，不断升级并完善微信小程序。升级完善积分系统、会员系统及小程序其他功能，维护现有客户。

第三，不断提高语料库的专业性、准确性以及服务水平。致力于为高校乃至社会各界提供高标准语料平台。

第四，兼顾经济效益与社会效益。在获取经济利益的同时促进语料库及其相应学科建设，培养外语复合型人才。

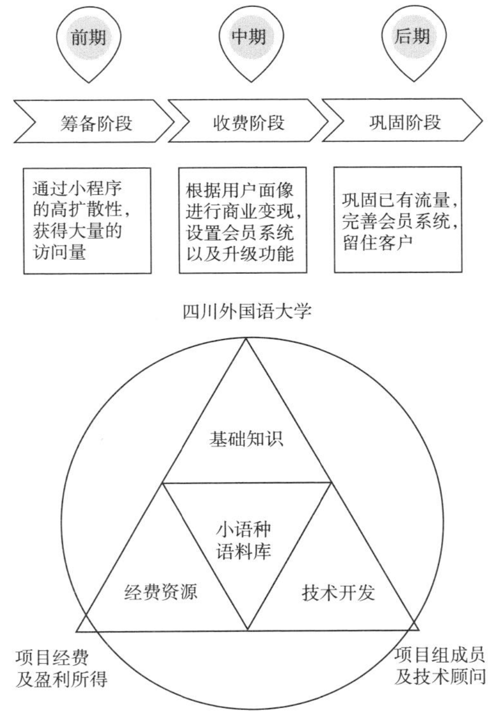

2.其他目标

（1）丰富现有研究

语料库是一个动态且无限量的存储空间，语言研究者和学习者可充分使用以分析相关语句。语料库丰富语言研究的对象词汇，正是因为词汇的不断丰富才使语言研究有了基本的意义；语料库也不断丰富语言的语法，大量的素材让语言研究者更直观地观察到语言中的语法构成；语料库的不断扩大也让语言研究者能够全面合理地分析语言中的结构，对语言的特点进行更深入地分析和研究，同时它不仅可以将原本存在的词汇容纳进去，还能吸纳新生词汇，扩大语料库。

续表

（2）纠正使用错误

一些惯用表达对于学习西班牙语的学生来说至关重要，否则会闹出笑话，甚至会无意间伤害了他人。语料库是不断丰富和填充的，语言研究者根据源源不断的资料，修改或更正在语言研究中已经发生的错误，以使语言研究更准确。

（3）辅助俚语研究

俚语在对外汉语教学中占有很大比重。因为西语国家与中国存在文化差异、生活方式差异等，仅依靠语法规则，忽视文化因素，很难体会到句子中所隐含的文化意义，容易造成理解上的偏差。汉语语言规则涉及广泛的文化内容，其中经历长期历史积淀形成的传统文化对语言习惯有着很大的影响。由于对外语交际文化和规范不甚了解，学生难免会将一些母语的语言规则迁移到外语的使用中来，造成“语用负迁移”。在做中西互译时，拥有准确表达的语料库能帮助语言学习者更顺畅、更符合原文意思地进行翻译。

（4）促进新文科建设

随着新文科理念的普及，高校应有效对接国家战略需求，基于自身学科专业优势和特色，培养具有中国情怀、国际视野的高端外语人才。培养大学生使用多种语言的能力，使其有效认识和理解世界各地的不同文化。新文科视域下，外语学科应当以语言文化为本，走新技术与人文交叉融合的发展道路，尤其是数字技术与外语学科之间的交叉，推进数字人文研究，着力培养新文科人才。随着“一带一路”倡议的普及，许多中国大学逐步开设了本科非英语外语学位课程，却面临师资短缺、生源不足等问题。因此，产学研一体化建设小语种语料库，不仅有利于推动重庆地区外语高等教育发展，促进重庆“智慧之城”建设，还将助力培养国际化人才，促进高校外语学科及其他学科交叉融合、协同发展，将新文科建设的理念落到实处。

3.技术路线

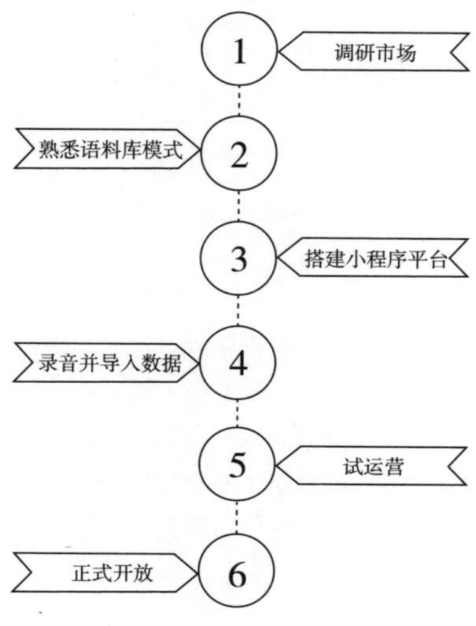

续表

4.人员分工

姓名	分工	职能
刘欣瑶	项目总负责人	统筹规划项目进程、项目撰写、项目实践
汤晶莹	文料负责人	审核语料、格式编排、项目撰写、项目实践
陈小东	市场负责人	商业策划、财务会计、项目实践
田静宜	宣媒负责人	演示文稿制作、项目实践、策划书撰写
颜石	技术负责人	线上平台建设，美工方面工作

四、项目特色与创新点

1.产品创新——专业的语料资源

本语料库在传统语料库的基础上，增加了：（1）用户定制、定期更新、语言资源管理、语料库建设网络化等功能；（2）经贸、法律、医学等实时更新的术语库、热词库；（3）近反义词、词组短语、习语谚语、句式结构等丰富语料。

由此可见，本项目有助于解决当下部分语言学习者面临的专业术语翻译资源匮乏，或已有专业术语翻译不准确的窘境。语料库在外语教学方面正得到越来越广泛的应用，对促进外语教学改革的不断深化起着越来越重要的作用。随着语料库的发展，外语学习者将得到大量的语料资源和在线帮助，学习者的外语接触和语言输入将突破以往的限制。同时对将要就业的大学生而言，对语料库所提供的文本材料进行分析和统计，可以发现使用频率高的词语、表达方式和句型，为外出留学或国外就业提供帮助。

2.模式创新——产学研一体化

构建语料库语言学视角下的读写循环教学模式更能体现语言行为的概率性等特点，克服了原有教学方法在语言输入数量不足、语言输出评估手段低效等问题。且语料资源来自课堂教学和课外实践，并经过收集、筛选、整理、校对等，形成较为准确的语料库，能够提高学校多语智能教学同传系统的准确性，使之更好地服务于课堂教学和学术研究。此外，本项目小组拟在学校的支持下与提供同传系统的公司进一步加深合作，以微信小程序等方式向全国其他外语高校乃至社会各界提供专业性较强的语料库，以获取盈利。

3.理念创新——贴合新文科建设理念

本项目的语料资源来自课堂，当下我校语言专业课程向学科交叉的方向不断推动迈进，比如传统文科自身交叉、传统文科与社会科学交叉、文科与工科交叉融合、文科与医科交叉融合等。我们收集的语料，有关于习近平用典、中华传统文化的专业外语翻译，也有纳米科技、法律法规等专业术语。在此基础上建立的语料库将更符合新文科建设理念、课程思政教育理念，有利于厚植华夏文明、坚定文化自信，着力阐释中国精神、中国价值、中国力量。

4.路径创新——促进内外双向沟通

本项目借助语料库微信小程序这一平台，能有效促进中外多领域专业术语互译；有利于消除由于翻译不当造成的误会与隔阂，掌握文化主动权；有利于促进中国与其他国家的内外双向沟通，用小语种讲好中国故事，传递中国声音。

续表

五、项目进度安排

序号	时间段	主要任务	主要产出
1	2021年4月—2021年5月	调研市场	了解分析语料库的市场需求，熟知市场背景
2	2021年5月—2021年6月	熟悉语料库模式	熟悉多语智能教学同传系统、NewClass系统、常态化录播系统等，为后期语料库导出做准备
3	2021年6月—2022年7月	搭建小程序平台	可以承载语料库并具有搜索功能的小程序平台
4	2021年7月—2022年2月	录音并导入数据	导入语料库
5	2022年2月—2022年3月	试运营	检验小程序运营，解决语料库导入中的问题
6	2021年3月—2022年4月	梳理、完善课题前期结果，正式开放	完善西语语料库

六、项目经费使用计划

项目经费预算计划表			
项目名称	产学研一体化理念下小语种语料库小程序开发	负责人	刘欣瑶
参与人员	学生	教师	
人员数目	5	2	
合计	7		
序号	经费开支科目	金额（元）	项目经费预算明细
1	资料费	850	购买西班牙语相关图书500元，相关文献查询300元，打印相关材料50元，共850元
2	设备费	0	成员自带电脑等电子设备，信息录入在学校智慧教室借用，无须耗资
3	专家咨询费	1000	做小程序向相关技术人员咨询，按每小时200元，每次1小时，大概需要咨询5次，共1000元
4	小程序费用	1500	前期需缴纳程序认证费300元，程序内部配套费用1000元，网费100元，电费100元，共1500元
共计	3350元		

续表

七、项目完成预期成果

1.产品功能

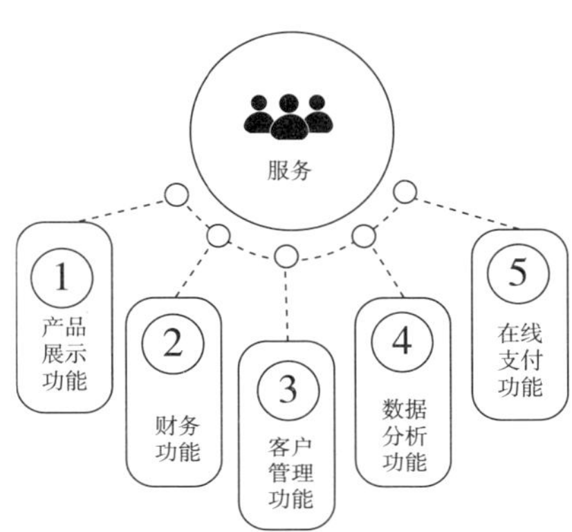

（1）产品展示功能

语料资源会在产品展示功能页面向用户展示。页面将简洁明了地展示语料，分门别类整理发送，便于使用者快速选择自己所需的语料。

（2）财务功能

财务功能主要有交易明细、财务情况和会员财务系统。开通财务查询窗口，包括交易明细、账户余额、积分状况及用户奖励等，每一笔支出都透明可寻。财务功能主要对更细致全面的语料资源进行收费，开设会员系统，小程序对会员用户财务数据具有分析功能。支持银行卡、支付宝和微信等支付方式。同时针对不同级别的会员开设不同的收费项目，增加会员签到、充值、积分等功能，充分利用会员客户资源。

（3）客户管理功能

客户管理可以查看语料库所有的客户信息，还可以对客户进行分组，对不同的分组提供不同语料库的展示，即经贸、法律、医学等实时更新的术语库、热词库。客户管理主要是对会员进行管理，可以设置会员卡功能、会员等级、积分、会员充值、会员签到、会员导出、会员导入等功能。整合分析小程序核心数据，掌握小程序运营情况和用户偏好，为优化语料库资源提供数据支撑。

（4）数据分析功能

数据分析功能可以实时查看核心数据，了解用户对语料库的需求，分析“搜一搜”中的高频词；还可以进行画像、区域分布等，抓住潜在客户。对于付费会员，分析交易数据，即交易总览、交易趋势、交易明细构成，清楚每笔收入的来源。

（5）在线支付功能

做好付款接口申请并开通在线下单支付功能。用户通过产品展示，选择所需语料库。利用在线支付平台，支持微信、支付宝、银行卡等多种支付方式，为用户提供即买即用的消费体验，优化服务水平。

续表

2.产品服务

（1）服务理念

项目以“助力重庆‘智慧之城’建设，培养外语复合型人才，用小语种讲好中国故事”为理念。

（2）服务宗旨

项目旨在服务小语种学习者、工作者，综合互联网平台、微信小程序，推广小语种语料，并与高校、科研院所、企业合作，提供全面、专业的小语种语料。同时丰富现有的小语种语料研究，纠正一些常见错误，推动重庆乃至全国外语教育的发展，培养外语复合型人才，用小语种讲好中国故事，促进新文科建设。

（3）服务内容

项目在当前新文科建设、对外讲好中国故事的大背景下，结合国际国内的发展现状，项目组开拓小程序平台，开发包含经贸、法律等专业领域的小语种专业语料库，并与电子商务相结合，激发区域潜在消费行为。

（4）项目服务优势

四川外国语大学智慧教室具备包括西班牙语在内的完善的多语种智能教学同传系统，能够提供具有较高精准度的语音识别以及词库智能管理服务功能。依托于小程序平台，加上专业运营管理团队，根据消费者需求更新相应语料库资源，同时通过用户的使用及消费反馈，对项目中存在的问题进行分析和总结，积极改善。

3.营业额预测

结合项目的具体情况和预期目标，随着本项目语料库小程序的知名度和项目开发度的不断提高，在项目发展的前、中、后期制定不同的营业战略目标：

前期主要是为了引流，获取一定的知名度。

中期开始将与一些相关高校、科研院所及企业进行合作，并推出会员系统和增设付费内容。

后期程序运营进入成熟期，将持续推动会员系统、资料付费，以及与相关高校、相关科研院所、相关企业商业合作。

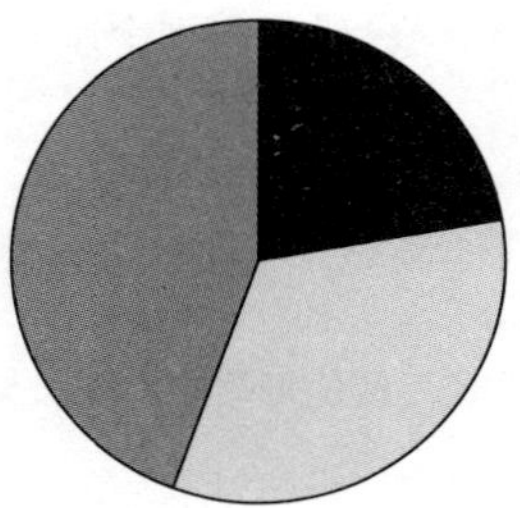

盈利来源分析

续表

第一年营业额预测简表（单位：元）

	第一季度	第二季度	第三季度	第四季度	总计
会员费	0	4140	12400	41400	57940
企业合作费	0	0	0	0	0
小程序资料收入费	0	300	900	1200	2400
总计	0	4440	13300	42600	60340

前三年营业额预测简表（单位：元）

	第一年	第二年	第三年	总计
会员费	57940	331200	690800	1079940
企业合作费	0	0	50000	50000
小程序资料收入费	2400	36000	72000	110400
总计	60340	367200	812800	1240340

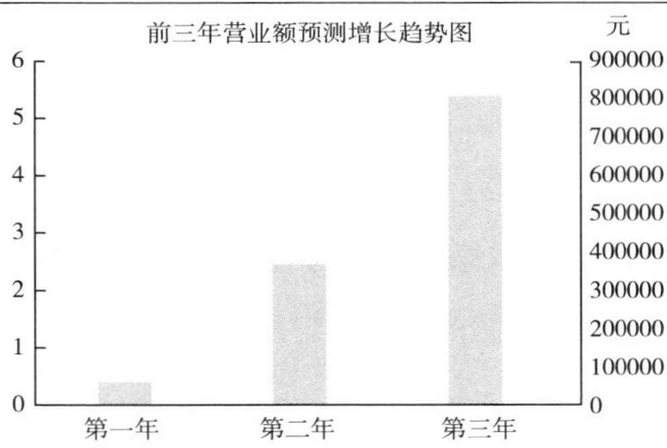

指导教师意见：

游雨频：在新文科的大背景下，外语专业的发展越来越注重新兴科技的运用和多学科交叉融合，语料库建设逐渐成为各外语高校和科研机构的工作重点；此外，在“讲好中国故事，传播好中国声音”的号召下，发展以语料库为基础的人工智能机器翻译也成为社会各界的关注焦点。该项目充分利用学校重点建设的智慧实验室，精准把握“语料库建设”这一学科和社会热点，是对高校产学研深度融合模式的一次积极探索，具有极强的理论和现实意义。

为满足国家和重庆主城都市区“五座城”建设需求，学院积极推动智慧实验教室的合理充分使用，并且正在推进实验教室建设创新创业基地的一系列工作。我认为该项目与学院未来发展方向和工作重点高度契合，与国家和社会需求高度适应，应当得到大力支持。

许劲：在当前新文科、对外讲中国故事的大背景下，结合国际国内的发展现状，开发包含经贸、法律等专业领域的小语种专业语料库，有利于学生与时俱进地学习相关专业术语和用小语种讲好中国故事、更好地走出去，有利于语言与经贸、法律等社会科学交叉融合，促进新文科建设。该项目具有较好的理论与现实意义，团队能力强、方案可行，积极支持项目申报。

三、项目建设

参加本次大学生创新创业训练计划项目，是团队成员第一次严格意义上的项目经历。团队成员来自不同学院、不同专业，既努力发挥各自所长，又团结一致，相互合作，不断完善。

（一）建设路径

教师授课时运用多语智能教学同传系统登录客户端创建课程前选择语音识别语种，创建课程后选择译文语种，后台会自动创建课程原文和译文的语料库。

目前原文支持17种语言，包括：中文、英语、日语、韩语、法语、俄语、阿拉伯语、乌克兰语、波兰语、捷克语、印地语、匈牙利语、罗马尼亚语、马来语、土耳其语、希伯来语、西班牙语。译文支持18种语言，包括：中文、英语、日语、韩语、法语、俄语、阿拉伯语、乌克兰语、波兰语、捷克语、印地语、匈牙利语、罗马尼亚语、马来语、土耳其语、希伯来语、西班牙语、缅甸语。

课程结束后，有专人校对后台语料库数据，根据难度、应用方向等分类整合形成多个语料库数据包，并以微信小程序作为载体，将语料库数据放入小程序中，推出根据高校教学进度设置的语料库辅助学习类小程序。

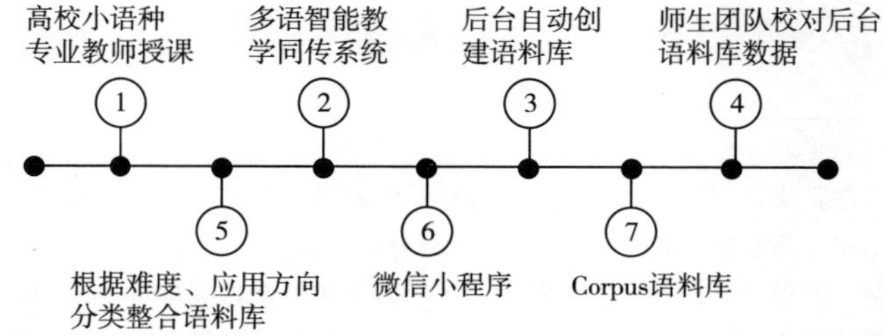

（二）项目特色

1.语料专业综合

语料主要来自高校小语种专业课程的教学内容。课程教学内容课前经中教、外教精心备案，课后经专业教师和学生团队校对整理，相对于其他语料库重语料数量而轻语料质量而言精确性更强，用语更为专业；语料库专设经贸、法律、医学等定期更新的术语库、热词库，并收集近反义词、词组短语、习语谚语、句式结构等丰富语料，综合性更强。

2.精准对接需求

语料库分为基础语料库、拓展语料库、专业术语库、流行热词库等，用户可以根据自身学习情况选择不同难度层级的语料库（基础语料库或拓展语料库），根据自身需要选择专业术语库或流行热词库收藏到个人专属的用户定制库；语料云社区和每日一句两大板块会根据大数据收集用户偏好，精准推送用户可能需要的内容。

3.市场价格优势

会员收费标准低，符合前期主要用户群体——青少年语言学习者的价格承受能力。

4.产学研一体化

项目从教学实践中来，形成的产品既可以投入机器翻译、人工智能等高科技领域的研发，也有利于促进高校外语教学资源的整合。中后期项目组在学院的支持下，寻求与其他高校、科研机构和企业的合作，形成产学研一体化的商业模式，兼具经济和社会效益，有较好的社会影响力，易形成良好口碑、打造知名品牌。

四、项目结项

（一）结题报告

1.项目研究与实施情况

（1）2021年11月2日，正式创建团队；

（2）2021年12月，在校方许可下进行可行性测试；

（3）2021年12月20日，设计团队logo；

（4）2022年1月，进行市场调研，进一步确立产品对口方向；

（5）2022年3月，设计小程序页面、导入测试数据进行产品调试，创建官方QQ群；

（6）2022年4—7月，收集中—西、中—葡语料，将中—葡经济术语导入小程序中；

（7）2022年7月7日，创建微信小程序，开展宣传工作；

（8）2022年7月17日，微信公众号关注量突破600；

（9）2022年8月—2023年3月，完善葡语语料库并收集、导入西语语料库，中—西、中—葡两种语料库，用户可自主选择；

（10）2023年4月，微信小程序与公众号的每日一句页面关联；

（11）2023年5月，实现技术突破，模拟ChatGPT，导入西班牙语小型语言模型，可实现AI联想式搜索；微信公众号关注量突破700。

2.项目评价

本项目有助于解决当下部分语言学习者面临的专业术语翻译资源匮乏，或已有专业术语翻译不准确的窘境。语料库在外语教学方面正得到越来越广泛的应用，对促进外语教学改革的不断深化起着越来越重要的作用。随着语料库的发展，外语学习者将得到大量的语料资源和在线帮助，学习者的外语接触和语言输入将突破以往的限制。同时对将要就业的大学生而言，对语料库所提供的文本材料进行分析和统计，可以发现使用频率高的词语、表达方式和句型，为外出留学或国外就业提供帮助。

3.项目简要介绍

（1）产品——专业的语料资源

本语料库在传统语料库的基础上，增加了：①用户定制、定期更新、语言资源管理、语料库建设网络化等功能；②经贸、法律、医学等实时更新的术语库、热词库；①近反义词、词组短语、习语谚语、句式结构等丰富语料。

（2）模式——产学研一体化

构建语料库语言学视角下的读写循环教学模式更能体现语言行为的概率性等特点，克服了原有教学方法语言输入数量不足、语言输出评估手段低效等问题。且语料资源来自课堂教学和课外实践，并经过收集、筛选、整理、校对，可形成较为准确的语料库，能够提高我校多语种智能教学同传系统的准确性，使之更好地服务于课堂教学和学术研究。此外，本项目拟在学校的支持下与提供同传系统的公司进一步加深合作，以微信小程序等方式向全国其他外语高校乃至社会各界提供专业性较强的语料库，提供社会服务及获取盈利。

（3）理念——贴合新文科建设理念

本项目的语料资源来自课堂，当下我校语言专业课程向学科交叉的方向不断推动迈进，比如传统文科自身交叉、传统文科与社会科学交叉、文科与工科交叉融合、文科与医科交叉融合等。我们收集的语料，有关于习近平用典、中华传统文化的专业外语翻译，也有纳米科技、法律法规等专业术语翻译。在此基础上建立的语料库将更符合新文科建设理念、课程思政教育理念，有利于厚植华夏文明、坚定文化自信，阐释中国精神、中国价值、中国力量。

（4）路径——促进内外双向沟通

本项目借助语料库微信小程序这一平台，有效促进了中外多领域专业术语互译；有利于消除由于翻译不当造成的误会与隔阂，掌握文化主动权；有利于促进中国与其他国家的内外双向沟通，用小语种讲好中国故事，传递中国声音。

4.未来推进方向

结合时下热点（ChatGPT这类语言模型）给我们的语料库导入小型语言模型，着力发展AI联想式搜索，加强语音训练，导入语音系统，进一步完善、优化语料库，达到产、学、研相互促进的效果。

5.研究成果

（1）微信公众号关注量716，发表58篇推文；

（2）微信小程序成功导入葡语、西语语料库，并不断更新完善；

（3）微信小程序加入西语语言模型，实现AI联想式搜索；

（4）微信公众号与微信小程序同步推出俗语名言等每日推送板块；

（5）达成一些商业协议，获得诸多奖项。

6.实现的预期目标

预期目标	实现
收集西语、葡语语料	实现
利用微信公众号宣传语料库	实现
开发微信小程序并更新维护	实现

续表

预期目标	实现
保持微信公众号运营	实现
达成一些商业合作	实现

7.经费使用情况

软件开发	1000元	微信小程序搭建
电脑配件	800元	微信小程序系统升级维护
资料费	300元	资料参考
打印费	500元	材料打印

（二）成果展示

1.微信公众号

（1）持续更新；

（2）紧跟时事，发布党的二十大等相关小语种推文；

（3）公众号关注人数达到716人；

（4）迄今发表58篇推文。

2.微信小程序

（1）后端升级内容；

（2）将西班牙语单词导入MySQL数据库；

（3）将本地MySQL数据库同步到云服务器的MySQL数据库中；

（4）更换后端处理系统，加入西班牙语查询API接口；

（5）使用postman调试新接口并完成运维工作；

（6）在云服务器开通新的安全组；

（7）将Nginx代理的端口进行调整；

（8）完成在云服务器上部署新的后端处理系统；

（9）前端逻辑层升级内容；

（10）在搜索栏下添加选择器，便于选择搜索相关语种；

（11）修复了原先搜索内容时不能下滑、闪退的bug；

（12）优化了相关页面逻辑；

（13）导入西班牙语小型语言模型，可实现AI联想式搜索。

3．项目成果

（1）获第十六届iCAN大学生创新创业大赛重庆赛区选拔赛二等奖；

（2）成功入选重庆市第六期“优创优帮”大学生创业扶持计划，获得2万元扶持资金；

（3）获四川外国语大学第八届“互联网+”大赛校赛三等奖；

（4）获第九届“互联网+”大赛院赛（西方语言文化学院）一等奖。

五、后续发展

首先，本项目仍在持续更新迭代中，负责人由高年级同学转交给低年级同学负责，团队也将继续发展。目前正在招募更多小语种专业、计算机专业的同学加入Corpus（云云众声）这个团体中，继续扩充、丰富语料库的内容，并不断更新完善语料库的数据库、微信公众号和微信小程序。

其次，目前的语料库受限于团队成员的专业，主要集中在葡萄牙语和西班牙语上，未来成员增多之后希望能够开发其他小语种的语料库并入数据库。

最后，希望以后能够推出Corpus的网站或者App，扩大Corpus语料库的知名度，也能为对小语种语料库有需求的人提供一些帮助。

六、经验总结

（一）主持人总结

随着新文科理念的普及，高校应有效对接国家战略需求，基于自身学科专业优势和特色，培养具有中国情怀、国际视野的高端外语人才。培养大学生使用多语种的能力，使其有效认识和理解世界各地的不同文化。

新文科视域下，外语学科应当以语言文化为本，走新技术与人文交叉融合的发展道路，尤其是数字技术与外语学科之间的交叉，推进数字人文研究，着力培养新文科人才。随着“一带一路”倡议的普及，许多中国大学逐步开设了本科非英语的外语学位课程，却面临着师资短缺、生源不足等问题。因此，小语种语料库有望成为全国高校外语学科协同发展的交流平台，有利于推动外语高等教育发展，助力培养优秀国际化人才。

——项目主持人：刘欣瑶

（二）成员感悟

这次的团队合作带给我许多有益的经验，让我收获颇多，能够学有所用。目前，小语种语料库仍旧以英语为主，参与制作小语种语料库对我来说是一件很有意义的事情，希望团队未来能够将语料库进一步丰富完善。

——项目成员：颜石